Belgien und seine Neutralisierung

Von

Dr. jur. Theodor Niemeyer

Professor der Rechte an der Universität Kiel
Geheimer Justizrat

München und Leipzig
Verlag von Duncker & Humblot
1917

By

Alle Rechte vorbehalten.

Altenburg
Pierersche Hofbuchdruckerei
Stephan Geibel & Co.

Vorwort.

Aus dem durch wissenschaftlichen Beruf und persönliches Wahrheitsbedürfnis bedingten Bemühen des Verfassers, die fortgesetzten Anfeindungen der völkerrechtlichen Haltung Deutschlands auf ihre Berechtigung durch positive Forschung zu prüfen, ist diese Schrift hervorgegangen.

Dem Ziel positiver, leidenschaftsloser und sachlicher Behandlung ist nach Kräften auch die Darstellungsform angepaßt.

Dem bezeichneten Ziel entsprechend hat der Verfasser sich im wesentlichen auf Wiedergabe positiver Materialien beschränkt und auf die polemische Auseinandersetzung mit Andersmeinenden Verzicht geleistet.

Der bibliographische Anhang ist dem soeben betonten Zweck gemäß gestaltet. Er erhebt keinen Anspruch auf Vollständigkeit, soll nur Rechenschaft über die von dem Verfasser eingesehene Literatur geben, zugleich aber zur weiteren Durchforschung der in dem augenblicklichen Kampf der Meinung vielfach gröblich vernachlässigten älteren Literatur, von der namentlich auch der politische und militärische Teil sorgsame Berücksichtigung heischt, anregen.

Kiel, Anfang Juli 1917.

Niemeyer

Inhalt.

                                                        Seite

I. Zur Vorgeschichte der Neutralisierung (bis 1831) 1

II. Zur Geschichte der Neutralisierung 1831 bis 1839 8

III. Zur Behandlung der belgischen Neutralisierung von 1839 bis 1914 20

IV. Deutschland und Belgien 42

Bibliographischer Anhang 49

I. Zur Vorgeschichte der Neutralisierung (bis 1831).

Über die Vorgeschichte der belgischen Neutralisierung, welche mit der gesamten Vorgeschichte Belgiens zusammenfällt, gibt es zwei einander entgegengesetzte Grundanschauungen. Nach der einen, in Belgien und Frankreich neuerdings bevorzugten Auffassung ist die Begründung des Königreichs Belgien im Jahre 1830 und der alsbald nachher hervorgetretene Gedanke seiner Neutralisierung das folgerichtige und natürliche Ergebnis einer langen und organischen historischen Entwicklung[1].

Die andere Auffassung, welche früher für selbstverständlich galt, erblickt in der belgischen Neutralisierung ein von den Großmächten im selbstischen Interesse ersonnenes Auskunftsmittel aus der durch die Revolution von 1830 heraufbeschworenen Verlegenheit Europas, aus welcher infolge der widerstreitenden Interessen der Großmächte in wirklich befriedigender Weise nicht herauszukommen war.

---

[1] Mit Gelehrsamkeit und Konsequenz hat besonders der Pariser Advokat Dollot in seinem 1902 erschienenen Werk: „Les origines de la neutralité de la Belgique" diese Auffassung historisch zu begründen unternommen. Bezeichnend sind (S. XI) seine Worte: „on considère généralement la neutralité permanente comme une institution essentiellement juridique et d'ordre un peu factice, nous estimons au contraire, qu'elle est le produit normal et rationnel de conditions historiques et géographiques déterminées." Bezeichnend ist, daß Dollot Belgiens Geschichte und Neutralität mit dem Vertrag von Verdun beginnen läßt: „c'est à cette époque, non seulement que commence pour la Belgique son existence comme Etat séparé, mais aussi qu'il faut placer l'origine de sa neutralité" (S. 3 a. a. O.).

Das ehrliche Bestreben belgischer Staatsmänner und Gelehrter, das Nationalgefühl der Belgier durch den Hinweis auf eine in frühe Vorzeit zurückreichende, bewegte, schicksalsvolle und reiche, wenn auch oft unglückliche Vergangenheit ihres jetzigen Landes zu stärken, darf gewiß nicht getadelt werden. Man kann sagen, daß die Bevölkerung des Landes durch allen Umschwung der Zeiten und der politischen Verhältnisse hindurch, trotz des fortwährend ruhelos sich vollziehenden Wechsels sowohl der Landesherrlichkeit und der Regierungsformen als der Grenzen, sich in gewissem Sinne treu geblieben ist, nämlich in dem Haß gegen die Eroberung und in der Leidenschaft der politischen Parteiung, in der streitbaren Lust am öffentlichen Leben. Und mehr. Es ist gar nicht zu leugnen, daß seit 1840 wachsendes Staatsbewußtsein, steigendes Vaterlandsgefühl, nationale Entwicklung der Wissenschaft, der Literatur und der Kunst die wallonische Bevölkerung zu einer Geschlossenheit geführt hat, welche sich siegreich zu wehren verstanden hat gegen die in der historischen Zerrissenheit sowie in der lauernden Gefahr großmächtlicher Eingriffe gegebenen schweren Hemmungen. Auch noch etwas anderes darf nicht vergessen werden, nämlich daß das in der Neutralisierung des Landes zum Ausdruck gekommene Eifersuchtsverhältnis der Großmächte von 1830 bis 1914 wie eine schützende Glocke gewirkt hat, unter welcher die Entwicklung Belgiens sich verhältnismäßig ruhig und sicher vollziehen konnte.

Aber rückwärts schauend behaupten zu wollen, die Neutralisierung, welche die Entstehung Belgiens begleitete, sei der natürliche Abschluß einer folgerichtigen, jahrhundertlangen Entwicklung, das ist ein Schlag ins Gesicht der geschichtlichen Wahrheit.

Die Wahrheit ist, daß zwischen Maas und Somme seit mehr als tausend Jahren die Interessen der großen europäischen Völker und Staaten aufeinandergestoßen sind, daß dort stets eine unruhige Bevölkerung gelebt hat, welche unter den Konflikten der Nachbarvölker gelitten und bald in dieser, bald in jener politischen Gruppierung, bald in dieser, bald in jener territorialen und völkischen Abgrenzung gelebt, viel geduldet und oft gekämpft, immer wieder zu neuen politischen Formen und Grenzen sich verwandelt hat, und daß die neueste dieser Formen das Nebeneinander der Königreiche Holland und Belgien seit 1830 ist[1].

Belgien hat es vor 1830 nicht gegeben, niemals und in keiner Form. Die in früheren Zeiten gemachten Versuche, der Verselbständigung der „katholischen Niederlande" (derjenige von 1790 unter erstmaliger Proklamierung des Namens „Etats Belgiques Unis"), sind sämtlich mißglückt. Diese Provinzen waren früher teils französisch, teils deutsch, dann mit allen anderen niederländischen Landesteilen bis 1713 spanisch, dann bis 1797 österreichisch, 1797 bis 1815 französisch, 1815 bis 1830 holländisch, — niemals also belgisch.

Durch zwei historische Vorgänge wurden die Voraussetzungen für die Verselbständigung Belgiens tatsächlich vorbereitet.

Der eine ist die Teilung der niederländischen Provinzen in eine nördliche, protestantische Gruppe, welche sich von der spanischen Herrschaft befreite, und eine südliche, katholische Gruppe, welche spanisch blieb. Diese sich von 1575 (Synode von Dordrecht) bis 1598 (Friede von Vervins) vollziehende, im Westfälischen Frieden durch die Großstaaten bestätigte Scheidung trennte das Schicksal des heute holländischen Gebietes von dem heute belgischen Territorium.

Der zweite Vorgang, welcher die Unabhängigkeit Belgiens vorbereitete, war, so widerspruchsvoll es klingt, die Wiedervereinigung der getrennten Gebiete, das heißt des heutigen Belgiens und Hollands, unter der holländischen Krone durch den Wiener Kongreß 1815. Das für Belgiens Zukunft entscheidende Moment war dabei die Loslösung der belgischen Provinzen sowohl von Frankreich, welches sie von 1797 bis 1815 annektiert hatte, als von Österreich, dem sie von 1715 bis 1797 zugehört hatten und dem sie noch 1790 für alle Zukunft garantiert waren.

---

[1] A. Schulte (Von der Neutralität Belgiens, 1915, S. 20) führt nach Lannoy, Les origines diplomatiques de l'indépendance belge (Löwen 1903), S. 188 an, daß Palmerston im Parlament 1831 erklärte: „Belgien ist niemals ein selbständiger Staat gewesen; es hat zu Spanien, zu Österreich, zu Frankreich gehört, bis es durch Europa im Interesse des Friedens mit Holland vereinigt worden ist". [Lannoy verweist auf „Mirror of Parliament 1831, 1. sess. p. 335—36.]

I. Zur Vorgeschichte der Neutralisierung bis 1831.

Indem das schwächere Holland an die Stelle jener mächtigen Herren gesetzt wurde, war für die Belgier die Möglichkeit gegeben, die Herrschaft durch eigene Kraft abzuschütteln; und wenn die vollendete Tatsache vorlag, konnten die Belgier sich auf das eifersüchtige Widerspiel der Großmächte verlassen, welches, mit einigem Geschick benutzt, die Aussicht bot, den Belgiern den Besitzstand der Unabhängigkeit zu erhalten.
Und so kam es.

Wie dieser Hergang sich im einzelnen vollzog ist von Bedeutung für die Beurteilung der daraus erwachsenen Rechtsstellung Belgiens, für den Sinn und die Tragweite seiner Neutralisierung.

Es liegen glaubhafte Zeugnisse dafür vor[1], daß die Vereinigung der katholischen und der evangelischen Niederlande unter der Herrschaft des Hauses Oranien, wie sie 1815 stattfand, bereits im Jahre 1805 von Pitt mit Rußland abgemacht worden ist. Diese Abrede war gegen Frankreich gerichtet wie alle Abmachungen, welche von 1713 bis 1831 England bezüglich der Niederlande zu treffen für gut befunden hat.

Nichts ist für die Lage der Niederlande nach der Napoleonischen Zeit bezeichnender als die Tatsache, daß neben den Verträgen, durch welche die fünf Großmächte Frankreich, England, Rußland, Österreich, Preußen seit 1814 Mitteleuropa liquidierten und neu zusammenlegten, nicht nur ein offenes Sonderverhältnis der vier zuletzt genannten Staaten, die „Quadrupelallianz", bestand, sondern daß dieser Vierverband **geheime Nebenverträge** hinsichtlich der Niederlande hinter Frankreichs Rücken schloß, von der Besorgnis geleitet, daß Frankreich aufs neue den schwer errungenen Frieden Europas bedrohen könne. Die offenen Hauptverträge dieses Sonderbündnisses waren der bekannte Quadrupelvertrag von Chaumont vom 1. März 1814, der diesen bestätigende Pariser Vertrag vom 20. November 1815 und das Aachener Protokoll vom 15. November 1818[2]. Daneben

---

[1] A. Schulte a. a. O. S. 19.
[2] E. Nys, Études de droit international et de droit politique, Brüssel u. Paris 1901, S. 126. — Texte und Erläuterungen bei Descamps, La neutralité de la Belgique, S. 92, 117, 121, 124. — Vgl. dazu F. Norden, Das neutrale Belgien und Deutschland im Urteil belgischer Staatsmänner und Juristen (München 1916). Kohler, Zeitschrift für Völkerrecht, Bd. IX.

I. Zur Vorgeschichte der Neutralisierung bis 1831.

aber wurde am 15. November 1818 in Aachen ein geheimer Vertrag[1] unter dem Namen „protocole militaire", aber ausdrücklich mit gleicher Kraft wie der Hauptvertrag ausgestattet, abgeschlossen, in welchem unter Hinweis auf die genannten, ausdrücklich gegen Frankreich gerichteten Bündnisverträge vereinbart wurde, daß im Bündnisfalle („le casus foederis ayant été déclaré") dem König der Niederlande empfohlen werden solle („il a été

S. 298, vor allem aber Goblet d'Alviella, Des cinq grandes puissances de l'Europe dans leurs rapports politiques et militaires avec la Belgique (Brüssel und Leipzig 1863), S. 46 und Descamps a. a. O. S. 124. Der Geheimvertrag von 1818 wurde u. A. unter Berufung auf ältere Literatur mitgeteilt in der Schrift: „Trumper, Considérations politiques ... sur les forteresses de la Belgique". 2. Aufl. Brüssel 1851 S. 42.

[1] Treitschke, Deutsche Geschichte, 7. Aufl. (Leipzig 1912), Bd. 2, S. 471: „... Dagegen versammelten sich die Vertreter der vier Mächte noch an demselben 15. November 1818, da sie die Deklaration an die vier Höfe erließen, zu einer vertraulichen Sitzung und erklärten in einem geheimen Protokolle, daß ihr in Chaumont abgeschlossener, in Paris auf unbestimmte Zeit erneuerter Bund unverändert fortbestehe; nur um Frankreich und die übrigen Staaten nicht zu erschrecken, sollte der Fortbestand der Quadrupelallianz geheim gehalten werden. Die vier Mächte blieben mithin verpflichtet, einander mit je 60000 Mann mindestens sofort zu unterstützen, falls in Frankreich eine Revolution ausbräche oder die Bonapartes zurückkehrten oder sonst eine Kriegsgefahr sich zeigte. Sie behielten sich vor, nötigenfalls in besonderen Zusammenkünften (réunions spéciales) die Maßregeln zu verabreden, welche den verhängnisvollen Folgen eines neuen Umsturzes in Frankreich zuvorkommen können." [Geheimes Protokoll der 33. Sitzung vom 15. Nov. 1818.] In derselben Sitzung übergab der geheime militärische Ausschuß der vier Mächte, der unter Wellingtons Vorsitz tagte, seinen Plan für die Aufstellung der verbündeten Streitkräfte. Nach diesem „Militärischen Protokoll" sollten, sobald die vier Mächte ausgesprochen hätten, daß der casus foederis et belli gegeben sei, binnen zwei Monaten die englischen Truppen um Brüssel, die Preußen um Köln, die Österreicher um Stuttgart, die Russen binnen drei Monaten um Mainz versammelt sein. Von den belgischen Festungen besetzt England die westlichen, Ostende, Ypern und einige der Scheldeplätze, Preußen die Plätze an der Maas und Sambre, Namur, Charleroi, Marienburg usw. Die kleinen deutschen Kontingente gedachte man wieder wie im Jahre 1815 nach der geographischen Lage unter die verschiedenen Armeen zu verteilen, da ein Bundesheer noch immer nicht bestand. Dies Protokoll war genehmigt, und dann mußte Wellington auf Preußens Andringen auch noch die Zustimmung des Königs der Niederlande einholen. [Protocole militaire vom 15. November. Bernstorff an Lottum, 9. November. Wolzogens Denkschrift, 17. Oktober. Boyens Denkschrift, 15. November 1818.]"

convenu de recommander à Sa Majesté . . .: de faire occuper") die Festungen Ostende, Nieuport, Ypres und die Scheldebefestigungen durch die dazu bereitzustellenden englischen Truppen. dagegen die Zitadellen Huy, Namur, Dinant sowie die Plätze Charleroi, Mariembourg und Philippeville durch preußische Truppen besetzen zu lassen. Die Stärke der zu diesem Behuf zu stellenden Truppen, von denen die englischen sich in Brüssel. die deutschen sich in Köln sammeln sollten, war für jede Macht auf 60000 Mann bestimmt — 50000 Infanterie, 10000 Kavallerie. Spätestens zwei Monate nach der Anforderung sollten sie versammelt sein.

Diese Verträge, die offenen und der geheime, waren 1830, als die belgische Revolution ausbrach, in Kraft und sie sind am 14. Dezember 1831, nach Abschluß der die Neutralisierung begründenden Verträge der fünf Großmächte, in einer der neuen Lage angepaßten Gestalt wiederholt und niemals außer Kraft gesetzt worden. Die Neutralisierung Belgiens hat in keinem anderen Sinn Geltung erlangt als in demjenigen, mit welchem das damals stipulierte Besetzungsrecht der Quadrupelmächte verträglich ist[1].

Am 25. August 1830 brach in Brüssel die Revolution aus, am 4. Oktober 1830 erklärte die durch sie eingesetzte provisorische Regierung die Unabhängigkeit der belgischen Provinzen; am 4. November 1830 traten in London die Gesandten der Großmächte unter dem leitenden englischen Minister Lord Palmerston („Londoner Konferenz") zu den ersten Beratungen über die belgische Frage zusammen; in den Tagen 18. bis 20. Dezember wurde Palmerstons Antrag, die Unabhängigkeit Belgiens durch die Großmächte zu erklären, angenommen.

In dem berühmten Protokoll (Nr. 11) vom 20. Januar 1831 wurde die Neutralisierung (zunächst ohne den Beitritt Frankreichs, der erst am 17. April 1831 erfolgte) durch folgende Formulierung, die als *„Bases de séparation"* bekannt sind, (in 18 Artikeln) beschlossen:

„Les plénipotentiaires des cours d'Autriche, de France, de la Grande-Bretagne, de Prusse et de Russie ... ont jugé indispensable avant tout de

---

[1] Vgl. unten S. 16 ff.

I. Zur Vorgeschichte der Neutralisierung bis 1831.

poser des bases quant aux limites qui doivent séparer, désormais le territoire hollandais du territoire belge . . ."
(folgen vier Artikel, welche die Grenzen bestimmen) „. . .
ont résolu d'ajouter aux articles précédents ceux qui se trouvent ci-dessous:
Art. 5. *La Belgique, dans les limites telles qu'elles seront arrêtées et tracées conformément aux bases posées dans les articles 1, 2, 4, du présent protocole,* **formera un Etat perpétuellement neutre.** *Les cinq puissances* **lui garantissent** *cette neutralité perpétuelle, ainsi que* **l'intégrité et l'inviolabilité de son territoire** *dans les limites mentionnées ci-dessus.*

Art. 6. *Par une juste réciprocité, la Belgique sera tenue d'observer cette même neutralité envers tous les autres Etats, et de ne porter aucune atteinte à leur tranquillité intérieure et extérieure*"[1].

---

[1] Synoptisch sollen hier die Fassungen Platz finden, welche später an die Stelle der Artikel 5 und 6 vom 20. Januar 1831 getreten sind, nämlich zunächst (— I —) Artikel 9 und 10 des Entwurfes (18 Artikel), welcher am 26. Juni 1831 als „Préliminaires de la Paix" im Auswärtigen Amt in London von den Vertretern der fünf Großmächte unterzeichnet wurde, sodann (— II —) Artikel 7 des Entwurfes (24 Artikel), welcher am 15. Oktober 1831 von den Vertretern der fünf Großmächte, den Vertretern von Holland und von Belgien mit der Einladung zur Unterzeichnung zu dem Behufe vorgelegt wurde, den Inhalt zu bilden: erstens eines belgisch-holländischen Vertrages, zweitens eines Vertrages der Großmächte mit Holland, drittens eines Vertrages der Großmächte mit Belgien, und welcher dann wörtlich in dem holländisch-belgischen Vertrage vom 19. April 1839 wiederholt wurde:

I. Préliminaires de la Paix (18 Artikel) vom 26. Juni 1831:
    Art. 9. La Belgique, dans les limites telles qu'elles seront tracées conformément aux principes posés par les présents préliminaires, formera un Etat perpétuellement neutre. Les cinq puissances, sans vouloir s'immiscer dans le régime intérieur de la Belgique, lui garantissent cette neutralité perpétuelle, ainsi que l'intégrité et l'inviolabilité de son territoire dans les limites mentionnées au présent article.
    Art. 10. Par une juste réciprocité, la Belgique sera tenue d'observer cette même neutralité envers tous les autres Etats et de ne porter aucune atteinte à leur tranquillité intérieure ou extérieure, en conservant toujours le droit de se défendre contre toute agression étrangère.
II. Entwurf (24 Artikel) vom 15. Oktober 1831:
    Art. 7. La Belgique, dans les limites indiquées aux articles 1, 2 et 4, formera un Etat indépendant et perpétuellement neutre. Elle sera tenue d'observer cette même neutralité envers tous les autres Etats.

II. Zur Geschichte der Neutralisierung 1831 bis 1839.

Am 19. April 1839 endlich kamen die Verträge zustande, welche den Abschluß der seit dem 20. Januar 1831 geführten Verhandlungen bildeten. Gemäß dem Entwurf vom 15. Oktober 1831 [1] waren es drei Verträge. Der Hauptvertrag, abgeschlossen zwischen dem König von Holland und dem König der Belgier [2], wiederholte (als Artikel 7 von 26 Artikeln, welche von dem Entwurf vom 15. Oktober 1831 nur in Punkten abwichen, die hier unerheblich sind) den Artikel 7 des Entwurfes vom 15. Oktober 1831 [3].

Die von den fünf Großmächten mit Belgien und mit Holland einzeln abgeschlossenen Verträge waren sehr kurz. In der Hauptsache beschränkten sie sich auf folgende, in beiden Verträgen gleichlautende Bestimmung:

„*Les articles amenés ... sont considérés comme ayant la même force et valeur que s'ils étaient textuellement insérés dans le présent acte, et qu'ils se trouvent ainsi placés sous la garantie de leurs-dites Majestés.*"

In dem Zeitraum vom 20. Januar 1831 bis zum 19. April 1839, das heißt von der ersten Formulierung der belgischen Neutralisierung (11. Protokoll der Londoner Konferenz) bis zu der endgültigen Vertragsfassung, hat sich eine bemerkenswerte Wandlung der Fassung vollzogen, welche nicht nur eine Veränderung der Form, sondern wesentliche Veränderungen des Inhaltes bedeutet [4].

---

[1] S. oben S. 7.
[2] Strupp, Urkunden zur Geschichte des Völkerrechts (Gotha 1911) I, S. 265 (mit Literatur und weiteren Quellennachweisungen). Vgl. dazu A. Schulte a. a. O. S. 65 ff.
[3] S. oben S. 7.
[4] Schulte a. a. O. S. 14.

II. Zur Geschichte der Neutralisierung 1831—1839.

Die erste Veränderung besteht in dem Wegfall der Worte „Integrität und Unverletzlichkeit des belgischen Gebietes", die zweite in der Verflüchtigung der Garantie der Großmächte.

Man muß sich erinnern, daß die belgische Revolution unter dem Einfluß der französischen Julirevolution stand, und daß ihr Erfolg als ein Sieg des französischen Interesses nicht nur von der französischen Revolutionspartei, sondern auch von der Regierung des Bürgerkönigs Louis Philippe behandelt wurde.

Letzterer hatte Frankreichs Vertretung in London, also insbesondere die Führung der französischen Politik hinsichtlich Belgiens, dem Fürsten Talleyrand übertragen.

Dieser ebenso weitsichtige und geschickte als skrupellose Diplomat hatte zwei Ziele: einerseits die Besserung der Beziehungen zu England [1], andererseits eine Lösung der belgischen Frage, welche der von Ludwig XIV. in vielen Kriegen vergeblich erstrebten, von Napoleon zeitweise erreichten französischen Herrschaft im Gebiet der alten Niederlande so nahe wie möglich kam. Die Vereinigung beider Ziele mußte fast als Quadratur des Zirkels erscheinen. Aber Talleyrand schreckte vor der Aufgabe nicht zurück. Er glaubte ihre Lösung in der Neutralisierung Belgiens gefunden zu haben.

Der Gedanke selbst war nicht neu. Schon bald nach dem „Barrière-Traktat" von 1715, durch welchen eine Festungs-Barrière mit holländischen Besatzungen in den fortan österreichischen Provinzen gegen die französische Grenze errichtet war, versuchte Frankreich dieses ihm feindliche Bollwerk loszuwerden, indem es durch den Vorschlag einer Art von „Neutralisation der belgischen Provinzen" die Ausführung des Barrièrevertrages überflüssig zu machen suchte, „ein Mittel, um die Sicherung Belgiens herabzusetzen, und dann hätte ein neuer französischer Ansturm um so leichter das Land erobert" [2]. Frankreichs Neutralisierungsvorschlag blieb damals erfolglos. Die Niederlande zogen sich allmählich aus den Barrière-Festungen zurück. Die letzten niederländischen Truppen rückten

---

[1] „Der Anschluß an England war sein Ziel. Daß er ihn erreichte, war der letzte Erfolg seines Lebens". Schulte a. a. O. S. 30.
[2] Schulte a. a. O. S. 15.

1782 ab. „Das war der militärische Zustand, als die französische Revolution nach Belgien hinübergriff und es bald mit Frankreich vereinte"[1]. Den im Jahre 1815 erlittenen Verlust Belgiens wieder einzubringen, schien die belgische Revolution und die Londoner Konferenz Talleyrand den willkommensten Anlaß zu bieten. Auf verschiedenen Wegen suchte Talleyrand diesem Ziele sich zu nähern. Immer wieder mußte er zurückweichen gegenüber Englands entschiedener Ablehnung. In dieser Lage erschien ihm die Neutralisierung Belgiens als eine Lösung, bei welcher die Möglichkeit und Wahrscheinlichkeit künftiger Angliederung Belgiens an Frankreich den Lichtpunkt bildete. Am 16. Januar 1831 sprach Talleyrand zum erstenmal von der Neutralität Belgiens. „Nach dem Muster der Schweiz" solle in Belgien eine Bundesregierung eingesetzt werden, und, mit Rücksicht auf England, sollten Antwerpen und Ostende freie Hansastädte werden. Welcher Gedanke dabei leitend war, hat Talleyrand selbst in einem von Pallain[2] veröffentlichten Brief ausgesprochen, indem er schrieb, im Falle eines Krieges werde „Belgien leichter geneigt sein, sich mit uns zu vereinigen als bei jedem anderen System". Und an die Schwester Louis Philippes, „Madame Adelaide", schrieb er: „Diese Maßregel ist in der Tat die einzige, die uns den Frieden läßt, und die einzige, durch welche wir Englands Interesse erfüllen, ohne seine Obergewalt zu begründen"... „Die Zukunft bringt uns wahrscheinlich die Angliederung, und ich glaube, daß wir hoffen dürfen, sie dann nicht so teuer bezahlen zu müssen, wie eine englische Ansiedelung auf dem Kontinente aller Welt erscheinen lassen dürfte[3]."

Die Ziele Talleyrands waren den mit ihm verhandelnden Diplomaten nicht unbekannt. Wenn der Gedanke der Neutralisierung Belgiens Annahme von seiten der Londoner Konferenz fand, so waren die versammelten Diplomaten sich fraglos darüber klar, daß diese Art der Erledigung des politischen Problems ver-

---

[1] Schulte a. a. O. S. 43.
[2] Pallain, L'ambassade de Talleyrand I 172—4. Schulte a. a. O. S. 44.
[3] Brief vom 24. Januar 1831, Nouvelle Revue rétrospective. Nouvelle Série 4, 352 ff., zitiert von A. Schulte a. a. O. S. 46.

II. Zur Geschichte der Neutralisierung 1831—1839.

schiedene Seiten hatte, vor allem daß es von der weiteren politischen Entwicklung abhängen werde, ob die Neutralisierung zugunsten Frankreichs oder zugunsten Englands oder aber zugunsten Belgiens selbst (Österreich und Preußen kamen nicht ernstlich in Betracht) wirken werde. Vor allem aber lag es auf der Hand, daß das Wort Neutralisierung, welches Talleyrand in der Wendung einführte „à l'instar de la Suisse", an und für sich so gut wie gar nichts sagte. Es war nur klar, daß Belgien aktiv und passiv in Ruhe gesetzt werden und seine durch die Revolution herbeigeführte Unabhängigkeitserklärung nicht der Anstoß neuer Verwicklungen werden sollte. Aber welche Rechte und Pflichten Belgien, Holland, die Großmächte haben sollten, war mit dem Begriff der „neutralité perpétuelle" keineswegs bestimmt[1].

Es hing für den Erfolg der Neutralisierung alles davon ab. ob und in welcher Weise dem Blankettbegriff der Neutralisierung ein greifbarer Inhalt gegeben wurde.

Wahrscheinlich hoffte Talleyrand, daß die Konferenz es bei dem inhaltlosen Wort bewenden lasse, und daß dadurch in dem neutralisierten Belgien ein politisches Freiland geschaffen würde, welches bei geeigneter Gelegenheit ohne Schwierigkeiten Frankreich zufallen könnte[2].

---

[1] Der Vergleich mit der am 20. November 1815 erfolgten vertragsmäßigen Anerkennung der Neutralität der Schweiz drängt sich natürlich sofort auf. Jener Akt war der einzige Vorgang, welcher bis dahin für die Neutralisierungsfrage in Betracht kam. Der am genannten Tage von Österreich, Frankreich, England, Preußen und Rußland in Paris unterzeichnete Vertrag sagte:

„Les puissances... reconnaissent d'une manière formelle et authentique par le présent acte la neutralité perpétuelle de la Suisse et lui garantissent l'inviolabilité de son territoire...

Les puissances font connaître d'une manière authentique par le présent acte, que la neutralité et l'inviolabilité de la Suisse, ainsi que son indépendance de toute influence étrangère est conforme aux véritables intérêts de la politique européenne.

Elles déclarent en outre qu'on ne peut ni ne doit tirer aucune conséquence désavantageuse à la neutralité et à l'inviolabilité de la Suisse des événements qui ont occasionné le passage de troupes alliées par une partie du territoire de la confédération Suisse."

[2] Talleyrand (Mémoires, Bd. IV, 106, zitiert von A. Schulte a. a. O. S. 54) schrieb: „La Belgique nous viendra peut-être, mais plus tard. La force des choses la mène à la France."

II. Zur Geschichte der Neutralisierung 1831—1839.

Talleyrand stellte keinen Antrag. Der von ihm am 16. Januar geäußerte Gedanke wurde von dem preußischen Vertreter, Heinrich v. Bülow aufgegriffen, dessen diplomatisches Geschick Talleyrand gegenüber der Prinzessin Adelaide am 7. Dezember 1815 mit den Worten rühmte: „C'est un homme d'esprit et qui comprend très bien la position de son pays; les idées du temps actuel ne lui sont pas étrangères"[1]. Bülows Antrag[2] fing dem Talleyrandschen Gedanken den Wind aus den Segeln, indem er vollkommenen Ernst mit der Neutralisierung machte und ihr eine so starke Formulierung gab, daß hinterhältige Erwartungen, welche sich an die Unbestimmtheit der Fassung knüpfen könnten, energisch abgeschnitten wurden. Diesem Standpunkt entsprach die Fassung des Protokolls vom 20. Januar 1831, in welchem die Großmächte (außer Frankreich) den Bülowschen Antrag annahmen. In den „*Bases de séparation*"[3] vom 20. Januar kamen folgende Momente zum schärfsten Ausdruck:

erstens die Integrität und die Unverletzlichkeit des belgischen Gebietes,

zweitens die Schutzpflicht der Großmächte gegenüber Belgien hinsichtlich der Integrität und Unverletzlichkeit seines Gebietes sowie hinsichtlich der Neutralität.

Beides gilt auch von dem Entwurf der 18 Artikel vom 26. Juni 1831[4], welcher in beiden Punkten mit dem Protokoll vom 20. Januar 1831 wörtlich übereinstimmt.

Anders stellt sich in beiden Punkten der Entwurf vom 15. Oktober 1831[5], welchem die Verträge vom 15. November 1831 und vom 19. April 1839 in dieser Hinsicht genau entsprechen.

Sofort in die Augen springend ist der Unterschied im Punkte der belgischen Gebietsherrschaft. Die „*Bases de séparation*" wollten den neubegründeten Staat nicht nur gegen Krieg sicherstellen, sondern auch gegen jede Verletzung der Gebiets-

---

[1] Nouvelle Revue Retrospective IV 232, zitiert von A. Schulte a. a. O. S. 35.

[2] K. Hillebrand, Geschichte Frankreichs I 178; A. Stern, Geschichte Europas III 235, zitiert von A. Schulte a. a. O. S. 45.

[3] S. oben S. 6.

[4] S. oben S. 6.

[5] S. oben S. 6.

hoheit und gegen jede Verkleinerung seines Gebietsumfanges, indem alles dieses derart unter die Garantie der Großmächte gestellt wurde, daß diese insgesamt, aber unzweifelhaft auch jede für sich, die Pflicht übernahmen, Belgien gegen die Verletzung jener Grundsätze durch diplomatische und erforderlichenfalls durch bewaffnete Hilfe zu schützen. Diese Absicht wurde in den 18 Artikeln vom 26. Juni 1831 zum klaren unmißverständlichen Ausdruck gebracht.

Dagegen ist in den Verträgen vom 15. November 1831 und vom 19. April 1839 weder die Integrität noch die Unverletzlichkeit des Gebietes mit einer Silbe erwähnt. Die Absichtlichkeit und das Bewußtsein der Tragweite der Änderung liegt klar zutage.

Nicht so unmittelbar sichtbar ist die Verflüchtigung der Garantie, welche mittelst der Ersetzung der 18-Artikel-Fassung durch die 24-Artikel-Fassung bewirkt wurde.

Es kommen dabei zwei verschiedene Gesichtspunkte in Betracht.

Der erste ist dieser: Schon die Ausscheidung des Gebietsschutzes bedeutete nicht nur eine Beschränkung des Umfanges der Garantiepflicht, sondern zugleich eine Schwächung und Lockerung des verbleibenden Restes der Garantie. Wenn der Gebietsschutz einbegriffen war, konnte es in Zukunft praktisch nicht leicht zweifelhaft bleiben, ob der Verpflichtungsfall für die Großmächte gegeben war oder nicht. Denn dann war es für die Großmächte und Belgien praktisch gleichgültig, ob bloß eine Gebiets- oder eine Neutralitätsverletzung vorlag. Ausgeschieden war damit die unter Umständen außerordentlich zweifelhafte und diplomatischer Deutung ausgesetzte Frage, ob im gegebenen Fall ein fremder Einmarsch in Belgien (sei es mit, sei es ohne Einwilligung Belgiens) Neutralitätsverletzung sei oder eine Zwangs- oder Schutzmaßnahme (Inanspruchnahme oder Einräumung eines usus innoxius, Unterstützung innerer Ordnung, s. dazu Artikel 121 der belgischen Verfassungsurkunde)[1], welche mit der Neutralität, das heißt der Nicht-

---

[1] Constitution de la Belgique (7. Februar 1831): „*Aucune troupe étrangère ne peut être admise au service de l'Etat, occuper ou traverser le territoire, qu'en vertu d'une loi.*"

beteiligung an einem Kriege, an und für sich verträglich wäre. — Nach der Fassung der 18 Artikel wäre der Garantiefall zweifellos wenigstens stets dann gegeben gewesen, wenn entweder ein Einmarsch gegen den Willen Belgiens oder eine Gebietsabtretung oder etwa die Einräumung eines Besetzungsrechtes von seiten Belgiens erfolgte. Nach der Fassung der 24 Artikel aber blieb es für diese und andere Fälle eine Frage politischer Erwägung, ob die Garantiestaaten es für angezeigt halten wollten, den Tatbestand der Neutralitätsverletzung für gegeben zu erklären oder nicht. **Die 24 Artikel haben durch Ausschaltung der Bülowschen Gebietsklausel dem Talleyrandschen Wunsche, der auf Dehnbarkeit und Wandelbarkeit des Garantiegrundsatzes gerichtet war, nachgegeben und den Garantiegrundsatz zur politischen Willkür abgeschwächt.**

Der zweite Gesichtspunkt liegt in der für die Garantierung selbst gewählten Formulierung. In der Fassung der 18 Artikel gaben die Großmächte dem Staate Belgien unzweideutig einen scharf umrissenen Anspruch auf den Schutz der Großmächte (*Les cinq puissances lui garantissent cette neutralité perpétuelle ainsi que l'intégrité et l'inviolabilité de son territoire*). Der Vertrag der 24 Artikel aber enthält überhaupt kein Wort von Garantie. Das war insofern unauffällig und natürlich, als die Vertragschließenden dieses Vertrages Belgien und Holland waren, und Holland eine Garantie weder übernehmen wollte noch sollte. Das Wort Garantie hatte hier keine Stätte. Da das Wort aber doch irgendwo stehen sollte, wurde es in der Weise untergebracht, daß die Großmächte in ihren mit Belgien und mit Holland einzeln abgeschlossenen Verträgen jene 24 Artikel als integrierenden Bestandteil dieser Verträge erklärten und dazu bemerkten, daß diese Artikel **dadurch** (qu'ils — das heißt: **die Artikel** — se trouvent ainsi placés sous la garantie de leurs-dites Majestés) unter die Garantie der Großmächte gestellt seien. Die Großmächte erklärten sich auf diese Weise als Mitkontrahenten des belgisch-holländischen Vertrages (römisch ausgedrückt: Adstipulatoren). Sie übernahmen die aus dem Vertrage für Belgien und für Holland resultierenden Rechte und Pflichten als eigene; aber sie übernahmen keine anderen Pflichten als die in dem Vertrage selbst stipulierten; sie übernahmen insbesondere **keine anderen Pflichten, als Holland sie übernommen hatte**, dem niemals (auch am 20. Januar 1831 nicht) eine Garantiepflicht für die belgische Neutralität angesonnen worden ist.

Ein Meisterstück Talleyrandscher Diplomatenkunst!

In welcher Weise sich der Wechsel vorbereitet und entwickelt hat, läßt sich mehr im ganzen vermuten als im einzelnen erkennen. Man muß den großen Kurs der Talleyrandschen Politik ins Auge fassen, um die Bedeutung der einzelnen Vorgänge danach zu würdigen.

Talleyrands Bemühungen, einen französischen Kandidaten auf den belgischen Königsthron zu setzen, scheiterten an Englands Widerstand, dessen Kandidat, am 4. Juli 1831 von dem belgischen Kongreß gewählt, die Annahme der Krone davon abhängig machte, daß die 18 Artikel der Londoner Konferenz vom belgischen Kongreß angenommen würden. Nachdem dies am 9. Juli 1831 geschehen war, leistete der Koburger Prinz am 21. Juli als König Leopold I. den Eid auf die belgische Verfassung vom 7. Februar 1831. Die von Talleyrand gewünschte Verbindung des belgischen Throninhabers mit Frankreich verwirklichte sich in abgeschwächter Form durch die 1832 vollzogene Vermählung Leopold I. mit der ältesten Tochter Louis Philippes. Inzwischen aber drohte die Haltung des seine Rechte festhaltenden Hollands, insbesondere dessen Widerstand gegen die 18 Artikel, Europa aufs neue in Brand zu setzen. Im August 1832 rückte ein holländisches Heer in Belgien ein und marschierte auf Brüssel. Dies war das Signal für Talleyrands energisches Eingreifen. Der Sache nach nur in Fortsetzung des revolutionären Zusammenwirkens von 1830, der Form nach in Unterstützung der Beschlüsse der Londoner Konferenz vom 26. Juni 1831, kam Frankreich (**gegen Artikel 121 der belgischen Verfassung**[1] **und gegen den Sinn des Protokolls vom 20. Januar 1831**) dem Hilfegesuch König Leopolds nach, rückte mit einer Armee in Belgien ein und vertrieb die Truppen des als Landesherr gemäß der heiligen Allianz dem Schutz der Großmächte unterstellten König Wilhelms I.! Frankreich zog

---

[1] S. oben S. 13 Anm. 1.

seine Truppen darauf zurück. Am 15. September 1831 stattete die Londoner Konferenz dem Fürsten Talleyrand feierlichen Dank ab[1]. Das Protokoll (Nr. 39) der Konferenz vom 3. September 1831, welches neue Grundzüge für die Auseinandersetzung Belgiens und Hollands aufstellte, spricht nicht mehr von der Integrität und Unverletzlichkeit des belgischen Territoriums, sondern nur noch von: „séparation de la Belgique, son indépendance, sa neutralité". Am 15. Oktober wurde eine Auseinandersetzung entworfen, welche Descamps[2] charakterisiert als „un arbitrage assumé". Das war die Fassung der 24 Artikel, das heißt die neue Gestalt des belgisch-holländischen Vertrages, der zunächst bis zum Beitritt Hollands am 19. April 1839 Entwurf blieb[3]. Die Beteiligung der Großmächte wurde dabei durch drei Sätze vorgesehen: 1. que les articles auront toute la force et la valeur d'une convention solennelle entre Sa Majesté le Roi ... et les cinq puissances 2. que les cinq puissances en garantissent l'exécution ... 3. que ce traité signé sous les auspices de la conférence de Londres sera placé sous la garantie formelle des cinq puissances. Diese Ausdrucksweise läßt erkennen, daß wie von der Gebietsklausel so auch von der Garantie der Neutralität in vollem Bewußtsein Abstand genommen wurde und lediglich die politische Auseinandersetzung der beiden Königreiche unter die Garantie der Großmächte gestellt werden sollte. Die Gebietsgrenzen, die Verteilung der Schulden und sonstiger Lasten, die Wasserverhältnisse waren dabei die Hauptsache.

Wie sehr die Regierungen davon überzeugt waren, daß die Formulierung der 24 Artikel einen Erfolg Frankreichs und die Verflüchtigung der Neutralisierung Belgiens bedeuteten, geht aus dem bereits erwähnten[4] Vertrag vom 14. Dezember 1831, besonders aber aus dem diesem angeschlossenen Geheimvertrage von demselben Tage hervor, welchen England, Österreich,

---

[1] S. Descamps a. a. O. S. 209: „les plénipotentiaires prient le prince de Talleyrand d'être persuadé que leurs cours sauront apprécier à sa juste valeur la détermination prise par le Gouvernement français."
[2] a. a. O. S. 212.
[3] S. oben S. 7.
[4] S. oben S. 6.

II. Zur Geschichte der Neutralisierung 1831—1839.

Preußen, Rußland mit Belgien schlossen[1]. In dem offenen Vertrage wurde die Zerstörung der Festungswerke Menin, Ath, Mons, Philippeville, Mariembourg und die Aufrechterhaltung aller anderen Festungen an Belgiens Westgrenze bestimmt. Es wurde hinzugefügt: Der König der Belgier ist verpflichtet die aufrecht erhaltenen Festungen in gutem Zustande zu erhalten. Der Geheimvertrag enthielt die Aufrechterhaltung des Geheimvertrages vom 15. November 1818[2] und bestimmte:

„*Il est entendu que S. M. le Roi des Belges succède à tous les droits que S. M. le Roi des Pays-Bas exerçait sur les forteresses élevées, réparées ou étendues dans la Belgique, en tout ou en partie, aux frais des cours d'Autriche, de Prusse et de Russie, et qui doivent être conservées en vertu de la convention patente de ce jour; il est également entendu qu'à l'égard de ces forteresses S. M. le Roi des Belges se trouve placé dans la position où se trouvait le Roi des Pays-Bas, envers les quartre cours ci-dessus nommées*[3],

---

[1] S. oben S. 6 und die Texte bei Descamps a. a. O. S. 273 ff. und 282.

[2] Die Tragweite der beiden Geheimabkommen vom 15. November 1818 und vom 14. Dezember 1831 für die Gegenwart wird auch von den Belgiern sehr verschieden aufgefaßt. Descamps berichtet darüber: „controverses passionnées". Während von der einen Seite angenommen wird, daß sich daraus für jede der Großmächte ein noch heute geltendes Besetzungsrecht, geradezu eine „Staatsservitut" ergebe (F. Norden, Das neutrale Belgien, München 1916; Girard, La Belgique et la guerre prochaine, Brüssel 1889), spricht Descamps (a. a. O. S. 285) dem Geheimabkommen Inhalt und Geltung ab („Parfaite innocuité de la clause secrète"). — Nach meiner Auffassung liegt die Wahrheit in der Mitte. Die Geheimverträge geben den Quadrupelmächten das Besetzungsrecht auf der Grundlage des Quadrupelverhältnisses, also im Sinne des politischen Bündnisvertrages, nicht den einzelnen Großmächten. Sie knüpfen das Recht an das Einvernehmen des Landesherrn (1818 des Königs der Niederlande, 1831 des Königs der Belgier). Inwieweit die Neutralitätsklausel das Besetzungsrecht beschränkt, hat das Abkommen von 1831 ausdrücklich dahingestellt gelassen. Daß die Neutralität nicht Unberührbarkeit des Gebietes bedeuten sollte, läßt das Abkommen klar erkennen. Aber andererseits läßt der Zusammenhang doch auch keinen Zweifel darüber, daß das Besetzungsrecht nur der Wahrung bestimmter politischer Interessen dienen, und zu bestimmten militärischen Zwecken, in bestimmten militärischen Schranken ausgeübt werden sollte. Die bei alledem offenbar gewollte und durch die zweimalige ausdrückliche Erwähnung der Neutralität nur verhüllte, dadurch aber vollends außer Zweifel gestellte politische Doppelzüngigkeit des ganzen Neutralisierungsvorganges macht das Geheimabkommen von 1831 zu einem Instrument politischer Willkür.

[3] Hier folgten in dem Vertragsentwurf die Worte: „en vertu de son accession à leurs conventions réservées d'Autriche-Chapelle au mois de

sauf les obligations qu'impose, à S. M. le Roi des Belges et aux quatre cours elles-mêmes, la neutralité perpétuelle de la Belgique. En conséquence, dans le cas où, par malheur, la sûreté des forteresses dont il est question, viendrait à être compromise, S. M. le Roi des Belges concertera avec les cours d'Autriche, de la Grande-Bretagne, de Prusse et de Russie toutes les mesures que réclamera la conservation de ces forteresses, toujours sous réserve de la neutralité de la Belgique."

Der belgische Delegierte, Graf Goblet d'Alviella, welcher den Verlauf seiner Mission in ausführlicher Darstellung veröffentlicht hat[1], versuchte vergeblich die Vertreter der Großmächte davon zu überzeugen, daß das alte hier aufrechterhaltene Besetzungsrecht unverträglich mit der Stellung Belgiens als unabhängiger und neutraler Staat und dessen unwürdig sei. Das einzige, was er erreichte, war die Streichung der ausdrücklichen Bezugnahme auf das „Militärprotokoll" vom 15. November 1818, sowie die nochmalige Erwähnung der belgischen Neutralität („toujours sous la réserve de la neutralité de la Belgique").

Die Entwicklung der Dinge vom 15. November 1831 bis zum 19. April 1839 hat sich keineswegs in gerader Linie vollzogen. Die von Frankreich und England zu Lande und zu Wasser gegen Holland ausgeübte Waffengewalt, die englische Blockade der holländischen Küsten und die Eroberung Antwerpens durch die französischen Truppen (15. November 1832) führten zu einem Präliminarvertrag zwischen England, Frankreich und Holland. Aber das „System des Beharrens" wurde von seiten des Königs von Holland mit eiserner Konsequenz verfolgt. Auch der Deutsche Bund gab erst 1836 seine zur Ausführung der 24 Artikel erforderliche Einwilligung. Nachdem dann am 14. März 1838 die holländische Regierung der auf Abschluß der Kämpfe dringenden öffentlichen Meinung nachgegeben und auf die durch die Revolution und den Zwang der Großmächte ihr entrissenen Gebietsteile endgültig verzichtet

---

novembre 1818". Diese Worte wurden auf Anregung des belgischen Delegierten Graf Goblet d'Alviella gestrichen.

[1] S. die oben S. 4—5 in Anm. 1 angeführte Schrift.

und die 24 Artikel angenommen hatte, erhob Belgien Einsprüche gegen die Ausführung dieser Artikel, welche durch Beschluß der Londoner Konferenz vom 6. Dezember 1838 teils zurückgewiesen, teils anerkannt wurden. Wiederum drohte der Krieg. Mit äußerster Mühe wurde die Krisis überwunden. Am 4. Februar 1839 erklärte Holland sich mit der neuen Lösung einverstanden, worauf nunmehr in den Abmachungen vom 19. April 1839 diese Lösung ihren Ausdruck fand.

III. Zur Behandlung der belgischen Neutralisierung von 1839 bis 1914.

In Belgien hat man 1830 bis 1839 der Neutralisierungsfrage geringes Interesse gewidmet [1]. Die zwischen der Fassung der 18 und der 24 Artikel stattgehabte diplomatische Verflüchtigung der Gebietsgarantie scheint von der öffentlichen Meinung in Belgien kaum bemerkt zu sein. Der Bericht des Grafen Goblet d'Alviella über seine Mission in London [2] läßt erkennen, daß auch die Aufmerksamkeit der belgischen Regierung auf andere Punkte gerichtet war. Kein Zweifel kann bestehen, daß die Abtrennung Belgiens von Holland, welche sich durch Aufstand, Krieg und diplomatischen Zwang vollzogen hatte, zunächst sowohl der öffentlichen Meinung wie allen beteiligten Regierungen als ein Akt politischer Umwälzung erschien, bei welchem die Neutralisierung, welche eine untergeordnete Rolle in dem ganzen Vorgang spielte, lediglich als politischer Notbehelf, als eine diplomatische Schöpfung angesehen wurde, welche von den Bedürfnissen und von dem Willen der Schöpfer abhängig blieb.

Diese Grundauffassung ist in völliger Konsequenz von Frankreich und von England bis zum 3. August 1914 festgehalten. Sie ist in einer großen Reihe teils öffentlicher Kundgebungen, teils diplomatischer Verhandlungen zum Ausdruck gebracht, und in aller Deutlichkeit von den Staatsmännern dieser beiden Länder sowie von der Presse immer wieder unverhüllt vertreten worden. Frankreich und England haben immer wieder betont, daß sie nicht daran dächten, die belgische Neutralität als ein Recht Belgiens zu

---

[1] Klassischer Zeuge dafür ist Sylvain Van de Weyer in Patria Belgica II 334, s. darüber Schulte a. a. O. S. 72.

[2] S. oben S. 4—5, Anm. 1 sowie S. 18.

III. Zur Behandlung der belgischen Neutralisierung von 1839—1914. 21

respektieren oder gar zu schützen. Beide Staaten haben vielmehr immer wieder erkennen lassen, daß lediglich ihre politischen Interessen für ihr Verhalten gegenüber Belgien maßgebend sein würden und müßten.

Dem verschiedenen politischen Bedürfnis beider Länder entsprechend war die Richtung und der Grad ihres politischen Zynismus verschieden. Während Frankreich seine Annexionsabsichten festhielt und weiter verfolgte, legte sich England darauf, sein Interventionsrecht als solches zu betonen, andererseits aber zu verneinen, daß andere Momente als seine eigenen Interessen es jemals verpflichten könnten, zugunsten Belgiens zu intervenieren.

Im „Temps" vom 30. Dezember 1831 wurde Belgien ein „stilles Anhängsel von Frankreich" genannt. Im „National" am 16. November 1834 wurde geschrieben:

„Der Tag wird kommen, an dem im Falle eines europäischen Krieges die Neutralität Belgiens vor dem Wunsche des belgischen Volkes dahinschwindet" [1].

Der französische Historiker und Staatsmann Guizot fand, daß die Neugestaltung der Dinge „die Grenze Frankreichs gewissermaßen moralisch bis an die Schelde hinausgerückt habe" und „eine glänzende französische Lösung der belgischen Frage" sei [2], ganz im Sinne Talleyrands [3].

Der im Frühjahr 1848 unternommene Versuch französischer Freischärler [4], Belgien für Frankreich zu gewinnen, mißlang zwar und wurde dann von der französischen Regierung verleugnet. Der belgische Oberst Ducarne bezeichnet aber die Teilnehmer als „soudoyés et organisés par le Gouvernement" [5].

Nach Angabe desselben Belgiers sagte Thiers im Jahre 1831 in der Deputiertenkammer, daß es nicht klug sei, schon

---

[1] Hampe, Belgiens Vergangenheit und Gegenwart, Leipzig u. Berlin 1915, S. 51.
[2] Hampe a. a. O.
[3] S. oben S. 10.
[4] Hymans, Frère-Orban II S. 3 ff.
[5] Diese und andere im folgenden benutzte Mitteilungen sind den beachtenswerten Protokollen entnommen, welche 1901 (Brüssel, Guyot) unter dem Titel gedruckt sind: „Commission chargé de l'étude des questions relatives à la situation militaire. Procès verbaux des séances 16 novembre 1900 — 30 avril 1901."

jetzt Belgien mit Frankreich zu vereinigen, Frankreich sich aber seine Ansprüche auf Belgien vorbehalten müsse [1].

Im Jahre 1840 bedrohte die französische Regierung Belgien mit sofortiger Okkupation, wenn es seine Militärmacht nicht verstärke.

Von drei französischen Schriftstellern [2] wird nach Ducarnes Mitteilung die Tatsache erhärtet, daß Napoleon III. am Tage nach dem Staatsstreich vom 2. Dezember 1852 ein Dekret vollzog, welches die Einverleibung Belgiens in Frankreich aussprach und für die Ausführung eine Armee von 100000 Mann bereitstellte. Das Dekret wurde im letzten Augenblick zurückgezogen.

Nach E. Ollivier [3] betrachtete Napoleon III. Belgien „als künstliche Schöpfung, die gegen Frankreichs Größe aufgerichtet sei und kein Recht auf irgendwelche Unverletzlichkeit habe".

Daß anläßlich des Krimkrieges 1855 Frankreich im Verein mit England einen Druck auf Belgien ausübte, um dieses wie Sardinien zur Teilnahme an dem Kriege zu bestimmen [4] und dabei die Neutralisierung als völlig gleichgültig behandelte, ist geschichtsnotorisch.

Nach Beendigung des Krimkrieges wuchs die politische Bewegung in Frankreich, welche auf die Annexion Belgiens hindrängte [5]. Der Gegensatz zwischen Frankreich und England verschärfte sich in demselben Verhältnis. Die Einverleibung Savoyens und Nizzas in Frankreich (1860) war der Preis, welchen letzteres für die italienische Einheit und Freiheit — England zum Trotz — forderte und erhielt. Der Gedanke, mit Preußens Hilfe — wiederum trotz Englands — in ähnlicher Weise Belgien zu gewinnen, war ein Ziel, welches von der französischen Politik seit 1862 beharrlich erwogen und praktisch verfolgt wurde.

[1] A. a. O.: „Mémoire de M. le colonel Ducarne sur les obligations internationales de la Belgique" etc. S. XV.
[2] Taxile Delord L'histoire du second Empire, Debidour L'histoire diplomatique de l'Europe, De Falloux Mémoires.
[3] L'empire libéral III S. 101, Hampe a. a. O. S. 52.
[4] Descamps, La neutralité de la Belgique S. 590—91.
[5] Zeugnisse bei Hymans, Frère-Orban II 85 ff. — Hampe a.a.O. S. 53 weist besonders auf Th. Lavallée, Les Frontières de la France hin 1864 erschienen).

Am 25. Juli 1866[1] (nach anderer Nachricht 20. August 1866[2]) unterbreitete der französische Gesandte beim Berliner Hof, Graf Benedetti, dem Grafen Bismarck folgenden Vertragsentwurf[3]:

„*Art. 1. S. M. l'Empereur des Français admet et reconnaît les acquisitions que la Prusse a faites à la suite de la dernière guerre.*

Art. 2. S. M. le Roi de Prusse promet de faciliter à la France l'acquisition du Luxembourg.

Art. 3. S. M. l'Empereur des Français ne s'opposera pas à une union fédérale de la Confédération du Nord avec les Etats du Midi de l'Allemagne à l'exception de l'Autriche laquelle union pourra être basée sur un parlement commun tout en respectant, dans une juste mesure, la souveraineté des dits Etats.

Art. 4. De son côté, S. M. le Roi de Prusse au cas où S. M. l'Empereur des Français serait amené par les circonstances à faire entrer ses troupes en Belgique ou à la conquérir accordera le concours de ses armes à la France.

Art. 5. Pour assurer l'entière exécution des dispositions qui précèdent, S. M. le Roi de Prusse et S. M. l'Empereur des Français contractent, par le présent traité, une alliance offensive et défensive."

Bismarck behielt den Entwurf als schätzbares diplomatisches Material in der Hand. An den Rand des von Benedetti dem Kaiser Napoleon vorgelegten Vertragsentwurfes aber schrieb dieser: „Es ist klar, daß die Ausbreitung der preußischen Vorherrschaft in Deutschland jenseits des Maines für uns eine natürliche, beinahe zwingende Gelegenheit sein muß, um uns zum Meister Belgiens zu machen"[4].

Am 7. Januar 1867 äußerte Benedetti zu Ollivier[5]: „einmal in Luxemburg sind wir auf der Straße nach Brüssel; wir werden auf diesem Wege um so schneller dort eintreffen".

---

[1] So nach Ducarne a. a. O. S. XVI.

[2] Hampe u. a. S. 54.

[3] Hier abgedruckt nach Ducarne a. a. O. S. XVI. Vgl. auch Hampe a. a. O. S. 54—55.

[4] Dirr, Bismarck und Belgien, München-Augsburger Abendzeitung 1915 Nr. 97, 98, 99.

[5] Hampe a. a. O. S. 55 unter Hinweis auf Ollivier a. a. O. VIII S. 168.

Napoleon schrieb am 19. Februar 1869 an den Kriegsminister Niel[1]:

„Belgien öffnet uns die Tore Deutschlands; wir können von da über den Niederrhein vorstoßen, wohin wir wollen."

Am 11. März 1869 stand im „Moniteur diplomatique": „Es ist ein Irrtum, zu glauben, daß die Neutralität Belgiens unverträglich sein würde mit dem Durchmarsch einer französischen Armee durch sein Gebiet. Die maßgebendsten Publizisten geben zu, daß die neutralen Staaten einem fremden Staate den Heeresdurchmarsch gestatten können."

Niel arbeitete einen Mobilisierungsplan für den gegen Belgien gerichteten Operationsplan aus[2]. Daß der belgische Journalist Oscar Lessines im Sommer 1869 den öffentlichen Vorschlag wagen konnte, Napoleon III. zum König der Belgier auszurufen, beweist, welchen Empfang der Kaiser in Belgien erwarten durfte.

Als im folgenden Jahr der Deutsch-Französische Krieg ausbrach, zweifelte niemand daran, daß der Sieg Frankreichs die Einverleibung Belgiens bedeuten werde. Disraeli und Bismarck haben sich übereinstimmend in diesem Sinne geäußert[3]. Angesichts dieser Lage enthüllte Bismarck den Benedettischen Plan von 1866, wodurch sowohl in Belgien wie in England die öffentliche Meinung aufs höchste gegen Frankreich erregt wurde[4].

Die angeführten Tatsachen werden genügen, um die Haltung Frankreichs gegenüber der Neutralisierung Belgiens vor 1870 zu kennzeichnen.

Andererseits liegt eine Reihe von Tatsachen vor, aus denen die Auffassung Englands hervorgeht, welches konsequent ab-

---

[1] Hampe a. a. O. S. 56.
[2] Hampe a. a. O. S. 57.
[3] Für Disraeli s. Sybel, Begründung des Deutschen Reiches VII S. 375, für Bismarck s. Hampe a. a. O. S. 57.
[4] Ducarne a. a. O. bezeugt: Il est établi, en effet que M. de Broglie, ministre de France à Londres, aurait déclaré que l'Allemagne obtiendrait quittance pour l'Alsace-Lorraine si elle voulait céder la Belgique à la France. Et cela, vers le même moment où Em. de Girardin écrivait: „Si la France avait été victorieuse (en 1870) le monde entier eût trouvé souverainement juste que la Belgique redevînt française."

III. Zur Behandlung der belgischen Neutralisierung von 1839—1914.

lehnte, durch den Neutralisierungsvorgang von 1839 verpflichtet zu sein, die belgische Neutralität zu schützen.
Nur scheinbar abweichend war Englands Haltung von 1870. Am 10. August 1870 erklärte der Ministerpräsident Gladstone: „Ich kann mich nicht der Doktrin anschließen, daß die einfache Tatsache des Bestehens einer Garantie bindend ist, ohne Rücksicht auf die besondere Lage in dem Zeitpunkt, wo sich die Gelegenheit gibt, auf Grund der Garantie zu handeln."
Aber trotz dieser Erklärungen oder vielmehr auf Grund derselben, nämlich in Gemäßheit lediglich der Interessen Englands, veranlaßte die englische Regierung die Regierungen Frankreichs und des Norddeutschen Bundes aus Anlaß des Deutsch-Französischen Krieges und für dessen Dauer zum Abschluß von identischen Verträgen, welche die Respektierung der belgischen Neutralität für die Zeit des Krieges unter die Garantie Englands stellten. Der Text des englisch-französischen Vertrages war folgender [1]:

Art. 1: S. M. l'Empereur des Français ayant déclaré que, nonobstant les hostilités dans lesquelles la France est engagée avec la Confédération de l'Allemagne du Nord, sa ferme détermination est de respecter la neutralité de la Belgique aussi longtemps que celle-ci sera respectée par la Confédération de l'Allemagne du Nord, S. M. la Reine des Royaumes-Unis de la Grande-Bretagne et d'Irlande déclare, de son côté, que si pendant lesdites hostilités, les armées de la Confédération de l'Allemagne du Nord venaient à violer ladite neutralité, Elle sera disposée à coopérer avec sa Majesté Impériale pour la défense de cette dernière en telle manière qu'il serait convenu, employant dans ce but ses forces navales et militaires, afin d'en assurer le respect et de maintenir, conjointement avec Sa Majesté Impériale, alors et après, l'indépendance et la neutralité de la Belgique.

Il est clairement entendu que S. M. la Reine des Royaumes-Unis ne s'engage pas, par ce traité, à prendre part dans aucune des opérations générales de la guerre que se font actuellement la France et la Confédération de l'Allemagne du Nord, en dehors des limites de la Belgique telles qu'elles sont fixées par le Traité entre la Belgique et les Pays-Bas du 19 avril 1839.

---

[1] Aus Descamps, De neutralité de la Belgique unter S. 288—89.

Art. 2: S. M. *l'Empereur des Français consent de son côté, pour le cas prévu dans l'article précédent, à coopérer avec S. M. la Reine des Royaumes-Unis, employant ses forces militaires et navales dans le but indiqué ci-dessus, et, l'éventualité venant à surgir, à s'entendre avec Sa Majesté sur les mesures qui seront prises, séparément ou en commun, pour garantir la neutralité et l'indépendance de la Belgique.*

Art. 3: Ce traité liera les hautes Parties contractantes pendant la durée de la présente guerre entre la France et la Confédération de l'Allemagne du Nord, et pour douze mois après la ratification de tout traité de paix conclu entre ces parties; et, à l'expiration de ce terme, l'indépendance et la neutralité de la Belgique, pour autant qu'elles concernent respectivement les hautes Parties contractantes, continueront d'être fondées comme auparavant sur l'article premier du quintuple Traité du 19 avril 1839.*

Art. 4: Le présent traité sera ratifié etc.

Fait à Londres, le onze août l'an de grâce mil huit cent soixante-dix.

Eine verzweigte Literatur[1] ist entstanden über die Frage, was diese Verträge für die Geltung oder Nichtgeltung des Neutralisierungsaktes von 1839 bedeuten. Während in der belgischen Note an die deutsche Regierung vom 3. August 1914[2] gesagt ist: „Les traités de 1839 confirmés par les traités de 1870", erblicken viele, wie zum Beispiel der französische Historiker Sorel (Histoire diplomatique de la guerre franco-allemande II 228) und der belgische Oberst Ducarne (Mémoire a. a. O.) in den Verträgen von 1870 den Beweis, daß die Verträge von 1839 von den Vertragschließenden als unverbindlich betrachtet wurden.

Die englische Regierung, welche die Verträge forderte, ging davon aus, nur eine der besonderen militärisch-politischen Lage zweckentsprechend angepaßte, die Voraussetzungen und Folgen der aufgestellten Normen genau bestimmende Ab-

---

[1] Vgl. Schulte a. a. O. S. 74. H. Hampe a. a. O. S. 58 ff. Descamps a. a. O. S. 287 ff. Ducarne a. a. O. Mémoire (passim).

[2] Jahrbuch des Völkerrechts, Bd. III, S. 591—92 [Belgisches Graubuch I Nr. 25], ebenso Ch. de Visscher, La Belgique et les juristes allemands (Lausanne, Paris 1916) und L. Renault, Les premières violations du droit des gens par l'Allemagne (Paris 1917).

III. Zur Behandlung der belgischen Neutralisierung von 1839—1914.

machung sei geeignet, die **Wirkung** zu erzielen, auf welche es ihr ankam, nämlich vor aller Welt klarzustellen, was England von den Kriegführenden politisch forderte und was es zu tun gedenke, wenn dieser Forderung nicht entsprochen werden würde. Man kann die englischen Forderungen als Ultimata bezeichnen, denen die beiden Kontinentalmächte sich fügten, indem sie das geforderte Verhalten zusagten und England das Recht des Eingriffes nach seinem Belieben einräumten.

Nicht die Vertragstreue, sondern die Dynamik der militärischen Gewalten sollte nach der Meinung Englands die Lage regieren.

Ein grelles Schlaglicht wird auf die Sachlage durch die Vorgänge geworfen, welche sich bei Sedan wenige Wochen nach dem Abschluß jener Abmachungen abspielten und von welchen wir zuverlässige Kenntnis durch einen Bericht Ducarnes besitzen. Der belgische Generalstabschef Chazal teilte am 27. Mai 1871 der belgischen Militärkommission mit, daß die vor Sedan bedrängte französische unter dem Befehl des Generals Wimpffen stehende Armee im Prinzip entschlossen war, in Belgien einzubrechen, um der deutschen Umzingelung zu entgehen[1][2]. Nur die Stärke der an der Grenze versammelten belgischen Truppen hielt den General ab, diesen Entschluß auszuführen.

---

[1] Am 27. Mai 1871 sagte General Chazal in der Sitzung der belgischen Militärkommission:
„Je puis vous affirmer que le général Wimpffen et les officiers de son état-major, arrivés à mon quartier général après la bataille de Sedan, n'ont pas caché que ce projet — der Einbruch der umzingelten Heeresgruppe in Belgien — eût été exécuté si notre frontière n'avait pas été bien gardée et s'ils ne nous avaient sus en force pour nous opposer à toute tentative de ce genre." [S. 80 der oben S. 21 Anm. 5 bezeichneten Protokolle.] Vgl. auch Woeste, La Neutralité belge, Paris 1891; Navez, La défense de la Belgique, Brüssel 1907, 200 ff.; Hampe a. a. O. S. 59.

[2] Lloyd George hat in Queens Hall (nach Times 20. September 1914) daraus das Märchen gemacht: „der französische Kaiser, französische Marschälle, 100 000 tapfere Franzosen in Waffen zogen es vor, in das fremde Land ihres Feindes gebracht zu werden, als den Namen ihres Landes zu entehren".

28 III. Zur Behandlung der belgischen Neutralisierung von 1839—1914.

Eine anonym erschienene französische Schrift („Des causes qui ont amené la capitulation de Sedan")[1] hat nach Ducarnes Angabe Wimpffens Entscheidung scharf getadelt. Ducarne knüpft daran die Bemerkung: „Also wie während so nach der Schlacht galt unsere Neutralität den Franzosen nichts".

In der Sitzung der belgischen Militärkommission vom 27. Mai 1871 stellte der Abgeordnete Orts fest[2], daß der Frankfurter Frieden die französische Achtung vor der belgischen Neutralisierung keineswegs gestärkt, und daß Thiers im Hinblick auf den in sichere Aussicht genommenen Revanchekrieg in der Nationalversammlung zu Versailles erklärt hatte: „Unser Weg führt über Sambre und Maas, es gibt keinen anderen."
Ebenso hatte Gambetta sich in der Nationalversammlung ausgesprochen.

In Frankreich behielt man den Weg über Belgien nach dem Rhein unausgesetzt im Auge. Daß die militärischen Instanzen entschlossen waren, im Falle eines Krieges mit Deutschland sofort diesen Weg zu nehmen, und zwar derart, daß man einer möglicherweise beabsichtigten deutschen Invasion in Belgien zuvorkam, hat die belgische Militärkommission noch 1901 mit aller Schärfe festgestellt. Unter anderem wurden folgende Äußerungen[2] vorgelegt:

„France militaire":

„Die Sicherheit unserer rückwärtigen Linien erlegt uns die Pflicht auf, nicht passiv abzuwarten, bis eine deutsche Vortruppe sich der wichtigen Brückenköpfe der Maas bemächtigt hat."

„Journal des sciences militaires":

„Frankreich hat ein weit stärkeres Interesse daran, die belgische Neutralität zu verletzen als Deutschland — (*si les Allemands lui en fournissent le prétexte*). Im Falle des Gelingens würde man unter Umgehung der starken deutschen Grenzbefestigungen zwischen Saar, Mosel und Rhein sich direkt auf Köln werfen können."

---

[1] Die Schrift wird Napoleon III. zugeschrieben.
[2] S. d. oben S. 21 Anm. 5 angeführten Protokolle S. XVIII ff.

III. Zur Behandlung der belgischen Neutralisierung von 1839—1914. 29

Kommandant Josset („Rôle des fortifications de la Meuse belge et des places frontières françaises du Nord 1895"):

„Die Neutralität Belgiens beruht auf der Garantie von Nationen, welche nicht dasselbe Interesse an ihrer Respektierung nehmen werden, welches sie bei der Errichtung geleitet hat."

Jasta („La défense des fortifications de la France 1896"):

„Die belgische Neutralität beruht nur auf diplomatischen Abmachungen und könnte sich als eine bloße Fiktion erweisen."

„Revue d'infanterie française" (1891):

„Die belgische Neutralität ist nur eine diplomatische Redensart (une simple expression diplomatique), d. h. vom militärischen Standpunkt aus ein Nichts."

Molard („Puissance militaire des Etats de l'Europe" (1898):

„Man kann von vornherein behaupten, daß die Garantiemächte nur dann wirklich für die Neutralität eintreten werden, wenn sie ein reales Interesse daran haben, am Kampf teilzunehmen, und daß die Verletzung des neutralen Gebietes für sie nicht eine Ursache, sondern ein Vorwand für ihre Intervention in Ermangelung anderer Gründe bildet."

Daß seit 1871 in den französischen Äußerungen an Stelle des Annexionsgedankens die militärische Frage des Weges nach und über Belgien in den Vordergrund getreten ist, bedeutet nichts. Die scheinbare Veränderung des Gesichtspunktes ist bedingt durch die veränderten Machtverhältnisse, durch den Sieg Deutschlands und die politische wie militärische Stärke des Deutschen Reiches. Die militärische Invasion erscheint den Franzosen als das zunächst zu erstrebende Mittel für die Besiegung des deutschen Gegners, an welche sich dann die politische Erweiterung Frankreichs bis zur Rheingrenze und damit die Erfüllung des alten niemals aufgegebenen Wunsches Frankreichs anschließen würde. Die Grundauffassung, auf deren Feststellung es hier ankommt, ist immer dieselbe geblieben, nämlich die, daß Belgiens in den Jahren 1830 bis 1839 hergestellte Lage ein politisches Provisorium, seine militärische und politische Unantastbarkeit eine Fiktion, seine Neutralisierung ein diplomatisches Kunststück sei, welches im Grunde nur die Anwartschaft Frankreichs auf spätere Einverleibung zu erhalten bestimmt gewesen ist.

Englands Gedanken, Interessen, Manifestationen gingen auf andere Ziele, beruhten aber auf derselben rein politischen Wertung des Aktes von 1839 wie sie in Frankreich galt.

Positive Annexionsabsichten auf belgisches Gebiet hat wahrscheinlich kein englischer Staatsmann seit 1830 ernstlich verfolgt. Zunächst galt es immer nur, Frankreichs Ansprüche zurückzuweisen. Aber niemals hat sich England verpflichtet gefühlt oder auch nur die Verpflichtung vorgegeben, sein Verhalten gegenüber Belgien in rechtliche Abhängigkeit von den Abmachungen des Jahres 1839 zu stellen oder gar für die Innehaltung jener Abmachungen mit eigenen Opfern einzutreten. Die Politik der freien Hand in bezug auf Belgien ist immer wieder in mehr oder weniger offizieller Form, immer aber höchst deutlich von englischen Staatsmännern verkündet und von der englischen Presse der Welt in Erinnerung gebracht worden.

Als Beispiele seien folgende Äußerungen angeführt:

Lord Palmerston erklärte am 8. Juni 1855 im Unterhause: „Die Weltgeschichte zeigt, daß, wenn sich ein Streit erhebt und eine kriegführende Nation es für nützlich hält, ihre Armeen durch ein neutrales Gebiet hindurch marschieren zu lassen, Neutralitätsverletzungen nicht allzu ängstlich beachtet zu werden pflegen."

Im Jahre 1866 erklärte Lord Stanley anläßlich der luxemburgischen Frage: „Die Garantie gibt England gegen einen Verletzer der Neutralität ein formelles Recht zu kriegerischem Einschreiten: von einer juristischen Verpflichtung dazu aber kann keine Rede sein."

Gladstone sagte 1870 anläßlich der Erörterung[1] der englisch-französischen und englisch-deutschen Abmachungen im Unterhause:

„Ich kann mich nicht der Ansicht anschließen, daß die einfache Tatsache des Bestehens einer Garantie für jeden Garanten

---

[1] S. oben S. 25.

bindend ist, ohne Rücksicht auf die besondere Lage, in der er sich befindet. Vielmehr kommt es auf die besondere Lage an, in welcher er sich zu der Zeit befindet, wenn sich die Gelegenheit bietet, für die Garantie einzutreten. Die großen Vertreter der auswärtigen Politik, auf die ich zu hören gewohnt bin, wie Lord Aberdeen und Lord Palmerston, haben niemals eine so starre und, wenn ich so sagen darf, unpraktische Auffassung von der Garantie gehabt. Der Umstand, daß eine Garantie noch in Kraft ist, ist selbstverständlich ein wichtiger Faktor und ein wesentliches Element in dem Falle, dem wir unsere volle und ernste Betrachtung widmen müssen. Es kommt eine Erwägung in Betracht, deren Bedeutung wir begreifen müssen, das ist das gemeinsame Interesse gegen die unmäßige Vergrößerung irgendeiner Macht."

Am 12. August 1870 sagte Gladstone:

„Der geehrte Vorredner scheint anzunehmen, daß jede vertraglich übernommene Garantie notwendigerweise die absolute, unbedingte Verpflichtung für unser Land bedeutet, unter allen Umständen für die Aufrechterhaltung des in dem Vertrage garantierten Zustandes in den Krieg zu ziehen — ohne Rücksicht auf unsere eigene Lage, ohne Rücksicht auf die Gründe, welche den Krieg herbeigeführt haben mögen, ohne Rücksicht auf das Verhalten der Macht, zu deren Gunsten die Garantie geltend gemacht wird, und die vielleicht selbst den Krieg verursacht hat, und ohne Rücksicht auf jene vollständige Veränderung der Umstände und Beziehungen, welche häufig im Laufe der Zeit entsteht, und die bei der Aufstellung dieser Verpflichtungen nicht vorausgesehen werden konnte. Ich habe häufig Lord Palmerston sowohl in diesem Hause wie auch anderswo seine Ansicht über Garantien äußern hören. Er hatte eine geläufige Redewendung, deren sich, glaube ich, auch andere außer mir entsinnen werden, nämlich, **daß eine Garantie, während sie ein Recht zur Intervention gewähre, an sich nicht die Verpflichtung zur Intervention begründe.**"

Als im Jahre 1887 infolge der von dem französischen Kriegsminister Boulanger im Verein mit der Patriotenliga und der Pariser Presse betriebenen Kriegshetzerei der Ausbruch eines deutsch-französischen Krieges unmittelbar bevorzustehen schien, erörterte die englische Presse die Frage der belgischen Neutralität durchaus in demselben Sinn. Sir Charles Dilke hat diese Erörterung in der „Fortnightly Review" folgendermaßen zusammengestellt:

„Das Hauptorgan der konservativen Partei in England hat erklärt, daß unsere Intervention zur Unterstützung von Belgien, welche bis zum vorigen Jahre von beiden Parteien im Staate als etwas Selbstverständliches angesehen wurde, ,nicht nur unsinnig, sondern sogar unmöglich wäre.' ,Diplomaticus' und ,Standard' haben angeregt, zuzugeben, daß in Belgien ein zeitweiliges ,Wegerecht' ausgeübt werden dürfe, und die ,National Review' hat sich ,Diplomaticus' angeschlossen und erklärt, ,es sei möglich, eine Garantie dafür zu erhalten, daß das belgische Gebiet, wenn es auch für die militärischen Zwecke des Durchmarsches diene, nicht dauernd verletzt werde, und daß nach Beendigung des Kampfes die Neutralität und Unabhängigkeit des Landes mit peinlicher Gewissenhaftigkeit geachtet werden würde'.

Verträge laufen ohne Zweifel mit der Zeit ab. Der Vertrag von 1839 über Belgien ist schließlich viel älter als der Vertrag von 1855 über Schweden. Frankreich und England würden es heute für einen Wahnsinn halten, die Integrität Schwedens gegen Rußland zu wahren, und ähnlich denkt England ganz offenbar jetzt bezüglich Belgiens."

Den Standpunkt, welchen die englischen Staatsmänner gegenüber dem Neutralisierungsakt von 1839 sonst eingenommen hatten, vertrat noch am 3. August 1914 Sir Edward Grey. Er verlas an diesem Tage im Unterhaus die Erklärung, welche Gladstone am 10. August 1870 abgegeben hatte.[1], und erklärte: „Der Vertrag ist ein alter Vertrag — 1839 — und das war die Auffassung, die man 1870 vertrat. Es ist ein Vertrag, welcher nicht nur durch die Rücksicht auf Belgien, sondern durch die Interessen derjenigen veranlaßt ist, welche die Neutralität Belgiens garantierten". Grey fügte die Äußerung von Gladstone

---

[1] Statement by Sir Edward Grey in the House of Commons, Aug. 3 1914, im Blaubuch S. 89 (abgedruckt im Jahrbuch des Völkerrechts, Bd. III, S. 292 ff., s. besonders S. 304—5). Vgl. oben S. 30.

III. Zur Behandlung der belgischen Neutralisierung von 1839—1914.

hinzu[1]: „Wir haben ein Interesse an der Unabhängigkeit Belgiens, welches weiter geht als dasjenige der wörtlichen Anwendung der Garantie."

Wenn man prüft, wie von 1839 bis 1914 Belgien, das heißt die belgische Regierung, das belgische Volk, die belgische Presse sich zu den französischen und englischen Auffassungen gestellt hat, so findet man in einem Wirrsal von Widersprüchen und Schwankungen, in einer Fülle gegensätzlicher Äußerungen und heftiger Kämpfe unverkennbar eine Grundtendenz: die **Emanzipierung Belgiens von der europäischen Vormundschaft.** Man war sich völlig klar darüber, daß diese Emanzipierung nur im Wege friedlicher Entwicklung geschehen konnte. Aber man konnte sich nicht verhehlen — auch in Paris und in London wurde man nicht müde, es zu sagen —, daß dem Interesse Belgiens Interessen der Großmächte gegenüberstanden, deren kriegerisches Aufeinanderprallen jederzeit zu einer Kraftprobe auf Leben und Tod führen und daß Belgien hierbei nur dann unberührt bleiben könnte, **wenn dies zufällig den Interessen aller Kriegführenden, kraft der militärischen und politischen Lage, entsprechen würde, etwa wie es im Jahre 1870 der Fall war.**

Somit war die Lage Belgiens ungeheuer schwierig und die Erreichung des erstrebten Zieles politischer Selbständigkeit mußte immer wieder als einstweilen aussichtslos erkannt werden.

Einen maßgebenden Einfluß auf die politische Entwicklung Europas zu üben, war Belgien naturgemäß nicht imstande.

Aber Belgien besaß zwei Mittel, mit denen es wenigstens versuchen konnte, seiner Neutralität Nachdruck zu verleihen: ein moralisch-psychologisches und ein militärisches. Beide Wege wurden vorsorglich gepflegt, obwohl stets ein gewisser Streit über sie zwischen den Politikern der mehr moralischen Betrachtung und den Militärpolitikern bestand, ein Streit, der unter anderem scharfen Ausdruck in den Verhandlungen der Militärkommission 1871[2], den Kammerverhandlungen am

---

[1] für welche er auf „Hansard" vol. 203 p. 1787 verwies.
[2] S. oben S. 27.

27. Februar 1894 und in der Militärkommission 1900—1901 gefunden hat[1].

Die Vertreter der ersteren Richtung strichen den rechtlichen und moralischen Wert des Vertrages von 1839 heraus, dem sie — mit sicherlich auf Überzeugung gegründetem Pathos — die Kraft beimaßen, alle ihm entgegenstehenden politischen und militärischen Interessen zu brechen[2].

Die Vertreter der anderen, der realpolitischen und militärischen Richtung betonten den politischen Charakter der Neutralisierung. Sie hoben Belgiens Bedürfnis nach politischer Selbständigkeit und militärischer Sicherung hervor, unter Hinweis auf die von seiten der Großmächte im Falle des Krieges drohende Gefahr, durch welche Belgien auf eine aktive Rüstungs- und Bündnispolitik angewiesen sei[3]. **Sie forderten und erstrebten militärische Verbindung mit derjenigen europäischen Gruppe, welche im Falle eines europäischen Konfliktes militärisch und politisch die stärkste zu sein versprach. Diese Gruppe war für Belgien seit 1901 und wurde von Jahr zu Jahr mehr die französisch-englische, durch Rußland zur Tripelallianz erweiterte Entente.** Mochte man im übrigen über das europäische Gleichgewicht urteilen, wie immer man wollte, für Belgien ergab schon das geographische Verhältnis zu Deutschland, zu Frankreich und zu England die Antwort auf die Frage, nach welcher Seite die Anlehnung die bessere Aussicht bot. Die Antwort wurde noch erleichtert durch die bereits seit Jahrzehnten erfolgte Umlegung des alten Barrière-Festungssystems, deren Ergebnis darauf hinauslief: Belgien war militärisch besser gegen die deutsche als gegen die französische Grenze und gegen eine englische Küsteninvasion gesichert.

---

[1] S. oben S. 21 Anm. 5.

[2] S. vor allem die Thronrede Leopolds vom 10. November 1840, ferner das der Militärkommission vom Ministerium des Äußern am 15. Dez. 1900 vorgelegte Exposé (s. die S. 21 Anm. 5 angeführten Verhandlungen S. 12) und die Rede Verhaegens a. a. O. S. 46 ff.

[3] So namentlich die Darlegungen Ducarnes und anderer Militärs in den S. 21 Anm. 5 angeführten Verhandlungen.

III. Zur Behandlung der belgischen Neutralisierung von 1839—1914.

Für die seit 1901 immer mehr zur Herrschaft gelangende belgische Militärpartei konnte die Wahl nicht zweifelhaft sein. Auf dieser Grundlage erwuchs die belgisch-englische Militär-Entente, deren Zustandekommen spätestens in das Jahr 1906 fällt und deren Sinn und Tragweite durch die zahlreichen Dokumente außer Zweifel gestellt ist, welche die deutschen Verwaltungsorgane 1914 in Brüssel aufgefunden haben. Von diesen Urkunden seien hier nur zwei mitgeteilt[1].

Erstens:

In einem Umschlag mit der Aufschrift: „Conventions anglobelges", der im belgischen Kriegsministerium aufbewahrt wurde, ist folgender Bericht gefunden:

„An den Kriegsminister. Brüssel, den 10. April 1906. Ich habe die Ehre, Ihnen kurz über die Unterhaltungen Bericht zu erstatten, die ich mit dem Oberstleutnant Barnardiston gehabt habe, und die Gegenstand meiner mündlichen Mitteilungen waren. Der erste Besuch datiert von Mitte Januar. Herr Barnardiston machte mir die Mitteilung von den Besorgnissen des Generalstabes seines Landes hinsichtlich der allgemeinen politischen Lage und wegen der Möglichkeit eines alsbaldigen Kriegsausbruches. Eine Truppensendung von im ganzen ungefähr 100 000 Mann sei für den Fall vorgesehen, daß Belgien angegriffen würde.

Der Oberstleutnant fragte mich, wie eine solche Maßregel von uns ausgelegt werden würde. Ich antwortete ihm, daß es vom militärischen Gesichtspunkte nur günstig sein könnte, aber daß diese Interventionsfrage ebensosehr die politischen Behörden angehe, und daß es meine Pflicht sei, davon alsbald dem Kriegsminister Mitteilung zu machen.

Herr Barnardiston antwortete mir, daß sein Gesandter in Brüssel darüber mit unserem Minister des Äußeren sprechen würde.

Er fuhr etwa folgendermaßen fort: Die Landung der englischen Truppen würde an der französischen Küste stattfinden, in der Gegend Dünkirchen und Calais, und zwar würde die Truppenbewegung möglichst beschleunigt werden. Eine Landung in Antwerpen würde viel mehr Zeit erfordern, weil man

---

[1] S. Jahrbuch des Völkerrechts, Bd. III, S. 651 ff. In dem deutschen Weißbuch vom Oktober 1914 S. 77—71 befindet sich ein Faksimile der Urschrift.

größere Transportschiffe brauche, und andererseits die Sicherheit weniger groß sei.

Nachdem man über diesen Punkt einig sei, blieben noch verschiedene andere Fragen zu regeln, nämlich: die Eisenbahntransporte, die Frage der Requisitionen, die die englische Armee machen könnte, die Frage des Oberbefehls der verbündeten Streitkräfte.

Er erkundigte sich, ob unsere Vorkehrungen genügten, um die Verteidigung des Landes während der Überfahrt und der Transporte der englischen Truppen eine Zeit, die er auf etwa zehn Tage schätzte, sicherzustellen.

Ich antwortete ihm, daß die Plätze Namur und Lüttich mit einem Handstreich nicht zu nehmen seien, und daß unsere 100000 Mann starke Feldarmee in vier Tagen imstande sein würde, einzugreifen.

Nachdem Herr Barnardiston seine volle Genugtuung über meine Erklärungen ausgesprochen hatte, betonte er, 1. daß unsere Unterredung absolut vertraulich sein sollte, 2. daß sie seine Regierung nicht binden sollte, 3. daß sein Gesandter, der englische Generalstab, er und ich allein über die Angelegenheit unterrichtet seien, 4. daß er nicht wisse, ob man die Meinung seines Souverains vorher eingeholt habe.

In einer folgenden Unterredung versicherte mir der Oberstleutnant Barnardiston, daß er niemals vertrauliche Mitteilungen der anderen Militärattachés über unsere Armee erhalten habe. Er gab darauf genau die numerischen Daten über die englischen Kräfte an; wir könnten darauf rechnen, daß in 12 oder 13 Tagen zwei Armeekorps, vier Kavalleriebrigaden und zwei Brigaden berittener Infanterie gelandet werden könnten.

Er bat mich darum, die Frage des Transports dieser Streitkräfte nach demjenigen Landesteil zu studieren, wo sie nützlich sein könnten, und versprach mir, zu diesem Zwecke die detaillierte Zusammensetzung der Landungsarmee zu geben.

Er kam auf die Frage der Effektivstärke unserer Feldarmee zurück und bestand darauf, daß man keine Detachements nach Namur und Lüttich abzweigen sollte, denn diese Plätze hätten genügende Garnison. Er bat mich, meine Aufmerksamkeit auf die Notwendigkeit zu richten, der englischen Armee zu gestatten, an den Vergünstigungen teilzuhaben, die das Reglement über

III. Zur Behandlung der belgischen Neutralisierung von 1839—1914. 37

die Kriegsleistungen vorsehe. Endlich bestand er auf der Frage des Oberbefehls.

Ich antwortete ihm, daß ich über diesen letzten Punkt nichts sagen könne, und versprach ihm, die anderen Fragen aufmerksam zu studieren.

Später bestätigte der englische Militärattaché seine frühere Schätzung: zwölf Tage würden wenigstens notwendig sein, um die Landung an der französischen Küste zu bewerkstelligen. Es würde bedeutend längere Zeit notwendig sein ($1—2^{1}/_{2}$ Monate), um 100 000 Mann in Antwerpen zu landen.

Auf meinen Einwand, daß es unnötig sei, die Beendigung der Landung abzuwarten, um mit den Eisenbahntransporten zu beginnen, und daß man sie besser nach Maßgabe der jeweiligen Truppenankünfte an der Küste einrichten sollte, versprach mir Herr Barnardiston genaue Daten über den täglichen Landungsetat.

Was die Kriegsleistungen anlangt, so teilte ich Herrn Barnardiston mit, daß diese Frage leicht geregelt werden könne.

Je mehr die Pläne des englischen Generalstabs Fortschritte machten, desto klarer wurden die Einzelheiten des Problems. Der Oberst versicherte mir, daß die Hälfte der englischen Armee in acht Tagen gelandet werden könne, der Rest bis zum Ablauf des 12. oder 13. Tages, ausgenommen die berittene Infanterie, auf die man erst später zählen dürfe.

Trotzdem glaubte ich, von neuem auf der Notwendigkeit bestehen zu müssen, die Ziffer der täglichen Ausladung genau zu kennen, um die Eisenbahntransporte für jeden Tag zu regeln.

Der englische Militärattaché unterhielt sich weiter mit mir über verschiedene andere Fragen, nämlich:

1. Notwendigkeit, die Operationen geheimzuhalten und von der Presse strikte Geheimhaltung zu verlangen;

2. Vorteile, die sich daraus ergeben würden, wenn jedem englischen Generalstab ein belgischer Offizier, jedem Truppenkommandanten ein Dolmetscher und jeder Truppeneinheit Gendarmen zugeteilt werden könnten, um den englischen Polizeitruppen zur Seite zu stehen.

Bei einer anderen Unterhaltung prüften der Oberstleutnant Barnardiston und ich die kombinierten Operationen für den Fall eines deutschen Angriffs auf Antwerpen und unter der

Annahme eines Durchmarsches durch unser Land, um die französischen Ardennen zu erreichen.

In der Frage erklärte mir der Oberst sein Einverständnis mit dem Plane, den ich ihm vorgelegt hatte, und versicherte mich der Zustimmung des Generals Grierson, Chefs des englischen Generalstabs.

Andere Fragen von untergeordneter Bedeutung wurden ebenfalls geregelt, besonders hinsichtlich der Spezialoffiziere, der Dolmetscher, der Gendarmen, Karten, Abbildungen der Uniformen, von ins Englische zu übersetzenden Sonderabzügen einiger belgischer Reglements, das Reglement für die Verzollungskosten, für die englischen Proviantsendungen, die Unterbringung der Verwundeten der verbündeten Heere usw. Es wurde nichts vereinbart über die Einwirkung der Regierung oder der Militärbehörden auf die Presse.

Bei den letzten Begegnungen, die ich mit dem englischen Attaché gehabt habe, teilte er mir mit, wie sich das tägliche Ergebnis der Ausschiffungen in Boulogne, Calais und Cherbourg gestalten dürfte. Die Entfernung dieses letzteren Punktes, der aus technischen Notwendigkeiten in Betracht kommt, bringt eine gewisse Verzögerung mit sich. Das I. Korps würde am 10. Tage ausgeschifft werden, das II. Korps am 15. Tage. Unser Eisenbahnmaterial würde die Transporte so ausführen, daß die Ankunft, sei es in der Richtung Brüssel—Löwen, sei es nach Namur—Dinant, des I. Korps für den 11. Tag, die des II. Korps für den 16. Tag gesichert wäre.

Ich habe noch ein letztes Mal, so energisch, wie ich konnte, auf die Notwendigkeit hingewiesen, die Seetransporte noch zu beschleunigen, damit die englischen Truppen zwischen dem 11. und 12. Tage bei uns sein könnten. Die glücklichsten, günstigsten Resultate können durch eine gemeinsame und gleichzeitige Aktion der verbündeten Streitkräfte erreicht werden. Es würde aber im Gegenteil einen ernsten Mißerfolg bedeuten, wenn das Zusammenwirken nicht stattfinden könnte. Der Oberst Barnardiston versicherte mir, daß alles zur Erreichung dieses Zweckes getan werden würde.

Im Laufe unserer Unterhaltung hatte ich Gelegenheit, den englischen Militärattaché davon zu überzeugen, daß wir willens seien, soweit das möglich sei, die Bewegungen des Feindes zu

III. Zur Behandlung der belgischen Neutralisierung von 1839—1914.

hemmen und uns nicht gleich von Anfang an nach Antwerpen zu flüchten.

Seinerseits teilte mir der Oberstleutnant Barnardiston mit, daß er zurzeit auf eine Unterstützung oder eine Intervention Hollands wenig Hoffnung setzte. Er teilte mir zugleich mit, daß seine Regierung beabsichtige, die englische Verpflegungsbasis von der französischen Küste nach Antwerpen zu verlegen, sobald die Nordsee von allen deutschen Schiffen gesäubert sei.

Bei allen unseren Unterhaltungen setzte mich der Oberst regelmäßig von den vertraulichen Nachrichten in Kenntnis, die er über die militärischen Verhältnisse bei unseren östlichen Nachbarn erhalten hatte. Zur selben Zeit betonte er, daß für Belgien eine gebieterische Notwendigkeit vorliege, sich dauernd darüber unterrichtet zu halten, was in dem uns benachbarten Rheinland vor sich gehe. Ich mußte ihm gestehen, daß bei uns der ausländische Überwachungsdienst in Friedenszeiten nicht unmittelbar dem Generalstab unterstehe, wir hätten keine Militärattachés bei unseren Gesandtschaften. Ich hütete mich indessen sehr, ihm einzugestehen, daß ich nicht wußte, ob der Spionagedienst, der durch unsere Reglements vorgeschrieben ist, in Ordnung war oder nicht. Aber ich halte es für meine Pflicht, hier auf diese Lage aufmerksam zu machen, die uns in einen Zustand offenbarer Unterlegenheit gegenüber unseren Nachbarn und eventuellen Feinden versetzt.

Notiz. Als ich den General Grierson während der Manöver 1906 traf, versicherte er mir, daß die Reorganisation der englischen Armee den Erfolg herbeiführe, daß nicht nur die Landung von 150 000 Mann gesichert sei, sondern daß hierdurch auch die Aktion des Heeres in einer kürzeren Zeit gewährleistet werde, als im vorstehenden angenommen wurde.

Ende September 1906. Ducarne."

Zweitens:

Im belgischen Ministerium des Äußern ist folgende Aufzeichnung über eine Unterredung eines Nachfolgers des Oberstleutnants Barnardiston, des englischen Militärattaché in Brüssel, Oberstleutnant Bridges, mit dem belgischen Generalstabschef General Jungbluth gefunden, welche vom 23. April datiert ist, vermutlich aus dem Jahre 1912 stammt und von der Hand des Grafen van der Straaten, Direktor im belgischen Ministerium des| Äußern, mit dem Vermerk «*Confidentiel*» versehen ist. Dieses Schriftstück lautet in der Übersetzung:

„Der englische Militärattaché hat den Wunsch ausgesprochen, den General Jungbluth zu sehen. Die Herren haben sich am 23. April getroffen.

Der Oberstleutnant hat dem General gesagt, daß England imstande sei, eine Armee auf den Kontinent zu schicken, die aus sechs Divisionen Infanterie und aus acht Brigaden Kavallerie — insgesamt aus 160000 Mann — bestehe. England habe außerdem alles Notwendige, um sein Inselreich zu verteidigen. Alles sei bereit.

Die englische Regierung hätte während der letzten Ereignisse unmittelbar eine Landung vorgenommen, selbst wenn wir keine Hilfe verlangt hätten.

Der General hat eingewandt, daß dazu unsere Zustimmung notwendig sei.

Der Militärattaché hat geantwortet, daß er das wisse, aber da wir nicht imstande seien, die Deutschen abzuhalten, durch unser Land zu marschieren, so hätte England seine Truppen in Belgien auf jeden Fall gelandet.

Was den Ort der Landung anlangt, so hat sich der Militärattaché darüber nicht deutlich ausgesprochen; er hat gesagt, daß die Küste ziemlich lang sei, aber der General weiß, daß Herr Bridges während der Osterfeiertage von Ostende aus tägliche Besuche in Zeebrügge gemacht hat.

Der General hat hinzugefügt, daß wir übrigens vollkommen in der Lage seien, die Deutschen zu hindern, durch Belgien zu marschieren[1]".

---

[1] Das deutsche Weißbuch bemerkt dazu: „Die belgische Regierung hat niemals auch nur den geringsten Versuch gemacht, im Einvernehmen mit der deutschen Regierung oder mit den zuständigen militärischen Stellen in Deutschland Vorkehrungen gegen die Eventualität eines französisch-englischen Einmarsches in Belgien zu treffen, trotzdem sie von den in dieser Hinsicht bestehenden Absichten der Ententemächte genau unterrichtet war."

Das deutsche Weißbuch hat ferner folgendes bekanntgegeben:

„Neuerdings erbeuteten unsere Truppen geheime militärische Handbücher über Belgiens Wege und Flüsse, die der englische Generalstab (Belgium,

III. Zur Behandlung der belgischen Neutralisierung von 1839—1914.

Road and River Reports prepared by the General Staff, War Office) herausgegeben hat. Uns liegen vier Bände dieses Handbuchs vor, von denen Band I bereits 1912, Band II 1913, Band III (in zwei Teilen) und Band IV 1914 gedruckt wurden.

Sie haben den Aufdruck: ‚Vertraulich. Dies Buch ist Eigentum der britischen Regierung und ist bestimmt für die persönliche Information von . . ., der für die sichere Aufbewahrung des Buches selbst verantwortlich ist. Der Inhalt ist nur berechtigten Personen zu öffnen.'

Die Handbücher enthalten auf Grund militärischer Erkundungen die denkbar genauesten Geländebeschreibungen. Der Eingangsvermerk lautet: ‚Diese Berichte können nur den Zustand der Wege zu der Zeit wiedergeben, in der sie erkundet wurden. Es wird stets ratsam sein, sie vor Benutzung abermals zu erkunden, um sich zu versichern, daß sie nicht durch Reparaturen, Rohrlegungen usw. gesperrt sind.'

So wird z. B. in Band I S. 130 ff. die große Straße Nieuport-Dixmuide-Ypern-Menin-Tourcoing-Tournai nach Wegebeschaffenheit, Gelände, taktischen Rücksichten, Beobachtungspunkten und Wasserverhältnissen an der Hand beigefügter Karten besprochen. In dieser Besprechung werden die längs der Straße gelegenen Ortschaften aufgezählt und beschrieben. Wir finden ihre genaue Entfernung voneinander sowie eingehende Angaben über das einschlägige Wegenetz in bezug auf Steigungen, Brücken, Kreuzungen, Telephon- und Telegraphenstellen, Eisenbahnstationen, einschließlich Länge der Plattformen und Rampen, Kleinbahnen, Petroleumtankstellen usw. Stets wird mitgeteilt, ob die Bevölkerung ganz oder teilweise Französisch spricht."

Beigegeben sind:

1. eine nach Gemeinden und Dörfern geordnete Einquartierungsübersicht mit Zahlen der Belegungsfähigkeit, der vorhandenen Transportmittel und allen sonstigen Angaben, deren ein Ortskommandant bedarf;

2. eine Zusammenstellung von wichtigen Fingerzeigen für Flugzeugführer in dem Teile von Belgien, der südlich der Linie Charleroi-Namur-Lüttich liegt, sowie für die Umgegend von Brüssel.

Dieses außerordentlich sorgsam und übersichtlich abgefaßte Merkbuch wird durch eine Karte der Landungsplätze ergänzt, trägt die Aufschrift „Geheim" und stammt aus dem Juli 1914.

Das Weißbuch bemerkt: „Ohne weitestgehende Unterstützung der belgischen Regierung und Militärbehörden war eine solche Arbeit nicht zu leisten. Derartig erschöpfende, bis ins kleinste gehende strategische und taktische Angaben wie die oben mitgeteilten oder so genaue Daten über das gesamte Eisenbahn- und Verkehrswesen, über das rollende Material, über Schleusen und Brücken kann man auf andere Weise nicht beschaffen. Die Belegungsfähigkeitslisten, die über Belgien verfügen, als wäre es das eigene Land, können nur von der belgischen Regierung stammen. Hier ist zweifellos amtliches belgisches Material benutzt worden. Man hat es für englische Zwecke zurechtgemacht oder an vielen Stellen einfach ins Englische übersetzt."

IV. Deutschland und Belgien.

Die einzige Großmacht, welche 1831[1] ernstlich und konsequent für die belgische Neutralisierung eintrat und das ihrige tat, um sie zu einer politischen Realität zu gestalten, war Preußen-Deutschland.[1] Zweifellos sprachen politisch - militärische Interessen für dieses Verhalten. Um so gewisser ist es, daß Preußen und später Deutschland von der festen Absicht erfüllt war, Belgiens Neutralität zu achten, solange dies das Verhalten Belgiens und der übrigen Staaten irgendwie möglich mache. Nachdem der Norddeutsche Bund gegründet war, hat Graf Bismarck, zunächst durch die Behandlung der Benedettischen Anträge,[2] sodann 1870 in seinen Verhandlungen mit London kund getan, daß die Lage Belgiens nach wie vor durch den Akt von 1839 bestimmt und daß der Norddeutsche Bund entschlossen sei, die von Preußen eingegangenen politischen Verpflichtungen auf sich zu nehmen und die Neutralität Belgiens im Rahmen jener Verpflichtungen zu respektieren. Entsprechende Erklärungen sind auch später, insbesondere in den Jahren 1911 und 1913 deutscherseits ergangen. Dem entsprach es, daß am 2. August 1914 (nachmittags 7 Uhr) vom deutschen Gesandten in Brüssel an die belgische Regierung folgende Erklärung übergeben wurde:

„Der Kaiserlichen Regierung liegen zuverlässige Nachrichten vor über den beabsichtigten Aufmarsch französischer Streitkräfte an der Maas-Strecke Givet—Namur. Sie lassen keinen Zweifel über die Absicht Frankreichs, durch belgisches Gebiet gegen Deutschland vorzugehen.

Die Kaiserliche Regierung kann sich der Besorgnis nicht erwehren, daß Belgien, trotz besten Willens, nicht imstande sein wird, ohne Hilfe einen französischen Vormarsch mit so großer Aussicht auf Erfolg abzuwehren, daß darin eine aus-

---

[1] S. oben S. 12.
[2] S. oben S. 23.

IV. Deutschland und Belgien.

reichende Sicherheit gegen die Bedrohung Deutschlands gefunden werden kann. Es ist ein Gebot der Selbsterhaltung für Deutschland, dem feindlichen Angriff zuvorzukommen. Mit dem größten Bedauern würde es daher die deutsche Regierung erfüllen, wenn Belgien einen Akt der Feindseligkeit gegen sich darin erblicken würde, daß die Maßnahmen seiner Gegner Deutschland zwingen, zur Gegenwehr auch seinerseits belgisches Gebiet zu betreten.

Um jede Mißdeutung auszuschließen, erklärt die Kaiserliche Regierung das Folgende:

1. Deutschland beabsichtigt keinerlei Feindseligkeiten gegen Belgien. Ist Belgien gewillt, in dem bevorstehenden Kriege Deutschland gegenüber eine wohlwollende Neutralität einzunehmen, so verpflichtet sich die deutsche Regierung, beim Friedensschluß Besitzstand und Unabhängigkeit des Königreichs in vollem Umfang zu garantieren.

2. Deutschland verpflichtet sich unter obiger Voraussetzung, das Gebiet des Königreichs wieder zu räumen, sobald der Friede geschlossen ist.

3. Bei einer freundschaftlichen Haltung Belgiens ist Deutschland bereit, im Einvernehmen mit den Königlich Belgischen Behörden alle Bedürfnisse seiner Truppen gegen Barzahlung anzukaufen und jeden Schaden zu ersetzen, der etwa durch deutsche Truppen verursacht werden könnte.

4. Sollte Belgien den deutschen Truppen feindlich entgegentreten, insbesondere ihrem Vorgehen durch Widerstand der Maas-Befestigungen oder durch Zerstörungen von Eisenbahnen, Straßen, Tunneln oder sonstigen Kunstbauten Schwierigkeiten bereiten, so wird Deutschland zu seinem Bedauern gezwungen sein, das Königreich als Feind zu betrachten. In diesem Falle würde Deutschland dem Königreich gegenüber keine Verpflichtungen übernehmen können, sondern müßte die spätere Regelung des Verhältnisses beider Staaten zueinander der Entscheidung der Waffen überlassen.

Die Kaiserliche Regierung gibt sich der bestimmten Hoffnung hin, daß diese Eventualität nicht eintreten, und daß die Königlich Belgische Regierung die geeigneten Maßnahmen zu treffen wissen wird, um zu verhindern, daß Vorkommnisse, wie die vorstehend erwähnten, sich ereignen. In diesem Fall würden

IV. Deutschland und Belgien.

die freundschaftlichen Bande, die beide Nachbarstaaten verbinden, eine weitere und dauernde Festigung erfahren."

Auch die Reichstags-Erklärung des Reichskanzlers vom 4. August 1914 steht mit der vorhin gekennzeichneten Auffassung im vollkommenen Einklang. Der Reichskanzler sagte:

„Wir sind in der Notwehr; und Not kennt kein Gebot. Unsere Truppen haben vielleicht schon belgisches Gebiet betreten. Die französische Regierung hat zwar in Brüssel erklärt, die Neutralität Belgiens respektieren zu wollen, solange der Gegner sie respektiert. Wir wußten aber, daß Frankreich zum Einfall bereit stand. So waren wir gezwungen, uns über den berechtigten Protest der belgischen Regierung hinwegzusetzen. Das Unrecht, das wir damit tun, werden wir wieder gutzumachen suchen, sobald unser militärisches Ziel erreicht ist. Wer so bedroht ist wie wir, und um sein Höchstes kämpft, der darf nur daran denken, wie er sich durchhaut."

Daß England auch am 4. August 1914, als es den Krieg an Deutschland erklärte, dies nicht um der belgischen Neutralität willen tat, daß diese vielmehr nur den Vorwand abgab, hat am 2. Dezember 1914 der Reichskanzler dargetan. Der stenographische Bericht über die Reichstagsrede lautet:

„Die belgische Neutralität, die England zu schützen vorgab, ist eine Maske (Zustimmung). Am 2. August, abends 7 Uhr teilten wir in Brüssel mit, die uns bekannten Kriegspläne Frankreichs zwängen uns, um unserer Selbsterhaltung willen durch Belgien zu marschieren. (Sehr wahr!) Aber schon am Nachmittag dieses 2. August, also bevor in London das Geringste von unserer Demarche in Brüssel bekannt war und bekannt sein konnte, hatte die englische Regierung Frankreich Unterstützung zugesagt (Hört, hört!), und zwar bedingungslos zugesagt für den Fall eines Angriffs der deutschen Flotte auf die französische Küste. Von der belgischen Neutralität war dabei mit keinem Wort die Rede. Diese Tatsache ist festgestellt durch die Erklärung, die Sir Edward Grey am 3. August im Unterhause abgab und die mir am 4. August infolge des erschwerten telegraphischen Verkehrs nicht *in extenso* bekannt war, und bestätigt durch das Blaubuch der englischen Regierung selbst. Wie hat da England behaupten können, es habe das Schwert gezogen, weil wir die belgische Neutralität verletzt hätten? Und wie konnten die englischen Staatsmänner, denen doch die Vergangenheit genau bekannt war, überhaupt von belgischer Neutralität sprechen? Als ich am 4. August von dem Unrecht sprach, das wir mit dem Einmarsch in Belgien begingen, stand noch nicht fest, ob sich die Brüsseler Regierung nicht in der Stunde der Not dazu entschließen würde, das Land zu schonen und sich unter Protest auf Antwerpen zurückzuziehen. Sie erinnern sich, daß ich nach der Einnahme von Lüttich auf den Antrag unserer Heeresleitung eine erneute Aufforderung in diesem Sinne an die belgische Regierung gerichtet habe. Aus militärischen Gründen mußte die Möglichkeit zu einer solchen Entwicklung am 4. August unter allen Umständen offengehalten werden. Für die Schuld der belgischen Regierung lagen schon damals mannigfache Anzeichen vor. Positive schriftliche Beweise standen mir noch nicht zu Gebote. Den englischen Staatsmännern aber waren diese Beweise genau bekannt. Und wenn jetzt durch die in Brüssel aufgefundenen, von mir der Öffentlichkeit übergebenen Aktenstücke festgestellt worden ist, wie und in welchem Grade Belgien seine Neutralität England gegenüber aufgegeben hatte, so ist nunmehr alle Welt über zwei Tatsachen im klaren: Als unsere Truppen in der Nacht vom 3. auf den 4. August das belgische Gebiet betraten, befanden sie sich auf dem Boden eines Staates, der seine Neutralität selbst längst durchlöchert hatte (Sehr richtig!); und die andere Tatsache: Nicht um belgischer Neutralität willen, die es selbst mit untergraben hatte, hat uns England den Krieg erklärt, sondern weil es glaubte, zusammen mit zwei großen Militärmächten des Festlandes unser Herr werden zu können.

Seit dem 2. August, seit seinem Versprechen der Kriegsfolge an Frankreich, war England nicht mehr neutral, sondern tatsächlich im Kriegszustand mit uns. Die Motivierung seiner Kriegserklärung vom 4. August mit der Verletzung der belgischen Neutralität war nichts als ein Schaustück, geeignet, das eigene Land und das neutrale Ausland über die wahren Beweggründe zum Kriege irre zu führen."

Die Reichskanzlererklärung vom 4. August 1914 kann nur verstanden werden von demjenigen, der diese Erklärung als ehrlich erkennt, und zwar als ehrlich in allen ihren Teilen. Wer dies aber tut, muß einsehen, daß nur ein Staatsmann so sprechen kann, der an die politische Durchführbarkeit der belgischen Neutralität bis zum äußersten geglaubt hat und der in tragischem Konflikt durch die Macht der Verhältnisse sich gezwungen sieht, seinen Glauben fallen zu lassen und gegen seine eigenen Ideale zu handeln. Wer nicht an den Worten haftet, sondern den Kern der Sache erfaßt, muß sich überzeugen, daß die Berufung auf die Not nicht eine advokatorische Wendung, sondern der Ausdruck dieser tragischen Erschütterung ist.

Daß äußerste Not vorlag, hat die Entwicklung der Dinge nachträglich der ganzen Welt gezeigt. Durch die Zahl und Übermacht der Feinde, ihren Vernichtungswillen gegen Deutschland, durch die Rücksichtslosigkeit Englands und seiner Bundesgenossen gegenüber den Neutralen — die Nennung Griechenlands genügt —, ist doch gewiß jeder Zweifel daran beseitigt, daß Deutschlands Existenz einer so furchtbaren Gefahr ausgesetzt war, wie jemals in der Weltgeschichte ein Land es gewesen ist. Daß der Durchmarsch durch Belgien aber der einzig mögliche Weg der Rettung war, hatten gerade die belgischen und englischen Strategen längst erkannt. Sie hatten darauf ihre eigenen Feldzugspläne eingerichtet, und dadurch — in einem tragischen Zirkel — schloß sich so der Zusammenhang der Dinge, welcher für Deutschland die Notwendigkeit wie das Recht begründete, dem Einmarsch der Feinde zuvorzukommen.

Deutschlands Feinde haben dessen Notruf mit Hohn beantwortet. Der Oxforder Kronjurist Sir Erle Richards hat in einem Pamphlet: „Haben wir noch ein Völkerrecht?" den Humor seiner Landsleute mit der Behauptung angerufen, auf Not könne auch eine Familie sich beziehen, welcher ihr Haus und ihr Gärtchen zunächst völlig genügten, deren wachsende Kinderschar aber nötig macht, dem Nachbarn seinen Garten und sein Haus wegzunehmen.

Das sind Sophismen, wie der Beweis, daß es keine Sandhaufen gibt, weil man nicht sagen kann, mit dem wievielten Sandkorn hingestreuter Sand zum Haufen wird. Natürlich sind die rechtlichen Begriffe Not, Notwehr, Notstand dehnbar; sie sind darauf zugeschnitten, der Vielgestaltigkeit des Lebens, der Würdigung jedes einzelnen Falles gerecht zu werden. Auch im Privat- und Strafrecht gibt der Gesetzgeber diesen Begriffen in klarer Absicht einen weiten Spielraum, und wer in Notstand oder Notwehr handelt, läuft Gefahr, daß er nachher mit seinem guten Recht durch einen schlechten Richter im Stich gelassen wird.

Daß der Notbegriff gerade im Völkerrecht oder doch insbesondere im Gebiet des Neutralitätsrechts keine Stätte habe, ist eine unsinnige Behauptung. Es wäre höchst unvernünftig, ungerecht und undurchführbar, wenn souveränen Staaten ein Recht versagt sein sollte, das in allen Rechtsordnungen der Welt von jeher als unantastbares Menschenrecht gegolten hat: das Recht, im Falle echter Not sich hinwegzusetzen über unerträgliche Schranken sonst geltender Rechtsregeln.

Wenn es einerseits unzweifelhaft ist, daß der Durchmarsch durch Belgien für Deutschland eine militärische Notwendigkeit und eine staatliche Lebensfrage war, und wenn es anderseits wahr wäre, daß es Deutschlands Truppen trotzdem völkerrechtlich schlechthin verwehrt gewesen sein sollte, in Belgien einzurücken, so muß man sagen, daß dieses Verhältnis ein ohnmächtiges Buchstabenrecht ohne Wahrheit und ohne die Kraft wirklicher Geltung wäre, ein Recht von derselben Art wie der Schein des Shylock, ein Stück Papier mit unsittlichem, mit unmöglichem Inhalt: der Verpflichtung zur Selbstopferung, zum passiven Selbstmord.

Das geltende Völkerrecht steht nicht auf einem so unsinnigen und unhaltbaren Standpunkt.

Wir wissen vielmehr aus zahlreichen Zeugnissen alter und neuer Zeit, daß das Notrecht der Selbsterhaltung stets als unentziehbares, unverzichtbares Daseinsrecht der Staaten gegolten hat.[1]

---

[1] Es seien beispielshalber dafür einige Äußerungen englischer und amerikanischer Völkerrechtsjuristen angeführt, welche sich auf Gebietsverletzungen beziehen: Lawrence, Principles of international law 1910, S. 603: „*Extreme necessity will justify a temporary violation of neutral territory.*" W. E. Hall, A Treatise on International Law, 2. Aufl. 1884, S. 245: „In the last resort almost the whole of the duties of states are subordinated to the right of self-preservation." S. 247: „The right of self-preservation in some cases justifies the commission of acts of violence against a friendly or neutral state, when from its position and resources it is capable of being made use of to dangerous effect by an enemy, when there is a known intention on his part so to make use of it, and when, if he is not forestalled, it is almost certain that he will succeed, either through the helplessness of the country or by means of intrigues with a party within it." Oppen-

IV. Deutschland und Belgien.

Es ist nicht wahr, daß die Staaten jemals übereingekommen sind, auf das Recht der Not zu verzichten. Niemals aufgehört hat deswegen das Recht der Staaten, durch Notwehr und Notstandshandlung die Pflicht der Selbsterhaltung zu üben. Deutschland verletzte die belgische Gebietshoheit, als es einmarschierte, nachdem Belgien seine Zustimmung, die es nach seiner Verfassung durch Gesetz hätte geben können[1], versagt hatte. Es hat aber gehandelt nach dem geltenden Recht des Krieges und nach dem heiligen Gesetz der Not.[2]

---

heim, International Law, 2. Aufl. London 1912, I S. 185: „violations of other states in the interest of self-preservation are excused in cases of necessity." Der Grundsatz wird von Oppenheim mit verschiedenen Beispielen aus der englischen Praxis belegt (S. 186 ff.). Vgl. dazu auch noch Edmonds und Oppenheim, Land warfare 1912 S. 101. Die angelsächsischen Schriftsteller berufen sich ausdrücklich auch auf den Holländer Hugo Grotius (De jure belli ac pacis Buch II Kap. 2 § 13) und den Schweizer Emer Vattel (Droit des gens Buch III Kap. 7 § 119), welche noch viel weiter gehen.

[1] S. oben S. 13, Anm. 1. Der Engländer Travers Twiss, The law of nations in time of war, 2. Aufl. (London 1875) § 218 legt die Zulässigkeit des Truppendurchmarsches durch neutrale Gebiete unter bestimmten Umständen ausführlich dar.

[2] Der Einmarsch der deutschen Truppen war „casus belli" für Belgien. Den Krieg hat Belgien eröffnet. Diesen Tatbestand hat der belgische Diplomat Albert de Bassompierre (La nuit du 2 au 3 août 1914, 3. Aufl. Paris 1916, S. 42) folgendermaßen betont: „Les premiers coups de feu de la guerre avaient été tirés par les gendarmes belges de garde! Le sang avait coulé, l'irrémédiable était accompli ..."

Bibliographischer Anhang.

I. Quellen (Vertragstexte, Protokolle, amtliche Darstellungen).

1. Die Verhandlungen der **Londoner Konferenz** (4. Nov. 1830 bis 1. Okt. 1832) sind veröffentlicht von den Regierungen in London [Papers relating to the affairs of Belgium ... presented to both Houses of Parliament, 3 Bde. London 1833], Paris [Collection des protocols des Conférences tenues à Londres, Imprimerie royale, 1833, XV. Heft], Haag [Recueil de pièces diplomatiques relatives aux affaires de la Hollande et de la Belgique en 1830 et 1831, 3 Bde. La Haye 1831—33], Brüssel [Rapports du Ministre des Affaires étrangères ... et autres documents publiés par ordre du Congrès National, 3 Bde. Brüssel 1831 ff.].
2. L'Histoire parlementaire du traité de paix du 19 avril 1839 entre la Belgique et la Hollande, Brüssel 1839, 2 Bde.
3. Huyttens, Discussions du Congrès National de Belgique, Brüssel 1844, 5 Bde.
4. Protokolle der belgischen „Commissions militaires" von 1866 (Brüssel, Imprimerie Lelong 1867), 1871 (Brüssel, Gobbaerts 1873), 1901 (s. über letztere oben S. 21 Anm. 5, über die ersteren unten S. 55: Procès-verbaux etc.)
5. Belgische Aktenstücke 1905—1914. Herausgegeben vom Auswärtigen Amt Berlin (Mittler) 1914 (Berichte der belgischen Gesandten 1905—14, auch abgedruckt im Jahrb. des Völkerrechts (München & Leipzig) Bd. III, 1916, S. 1—154.

II. Hauptschriften der völkerrechtlichen und politischen Literatur über die Neutralisierung Belgiens.

Arendt, M., Essai sur la neutralité de la Belgique considérée principalement sous le point de vue du droit public, Brüssel & Leipzig 1845.

Banning, E., La Belgique au point de vue militaire et international. Études publiés par Ernest Gossart. Brüssel 1901.

Brialmont, A., Considérations politiques et militaires sur la Belgique. Brüssel 1851, 2 Bde.

Cressonières, J. des, La neutralité de la Belgique et le droit d'alliance. Revue de droit international et de législation comparée. 2. Serie. Band 9 (1907).

Descamps, Ed., La neutralité de la Belgique au point de vue historique, diplomatique, juridique et politique. Brüssel & Paris 1902.
Dollot, R., Les origines de la neutralité de la Belgique (1609—1830). Paris 1902.
Ehlers, P., England, Antwerpen und die belgische Barriere. Hamburg 1916.
Fallot, L., De la neutralité de la Belgique et de l'armée. Brüssel 1839.
Fourgussié, G., La neutralité de la Belgique. Paris 1902.
Girard, H., La Belgique et la guerre prochaine. Brüssel ohne Jahr (aber 1889).
Goblet d'Alviella, Comte, Des cinq grandes puissances de l'Europe dans leurs rapports politiques et militaires avec la Belgique. Une mission à Londres en 1831. Brüssel & Leipzig 1863.
Grasshoff, R., Une réponse à M. Waxweiler. Berlin 1915.
Hampe, K., Belgiens Vergangenheit und Gegenwart. Leipzig & Berlin 1915.
Lannoy, Abbé Fl. de, Les origines diplomatiques de l'indépendance Belge. La conférence de Londres 1830—31. Löwen 1903.
Navez, L., La défense de la Belgique autrefois et aujourd'hui. Brüssel 1907.
Norden, F., La Belgique neutre et l'Allemagne d'après les hommes d'Etat et les juristes belges. Brüssel 1915.
Nothomb, J. B., Essai historique et politique sur la révolution belge. 4. Ausgabe. Brüssel 1876.
Nys, Ernst, Notes sur la neutralité. Sonderabdruck aus der Revue de droit international et de législation comparée. Brüssel 1900.
Schulte, A., Von der Neutralität Belgiens. Bonn 1916.
Strupp, K., Die Neutralisation und die Neutralität Belgiens. Gotha 1917.
Waxweiler, E, La Belgique neutre et loyale. Lausanne 1915.
— Le procès de la neutralité belge. Lausanne 1916.
Weiss, Siegfried, La guerre de 1870 et la neutralité de la Belgique. Brüssel & Paris 1871.
Woeste, Chr., La neutralité Belge. La Belgique et la France. Brüssel 1902.

III. Sonstige völkerrechtliche und politische Literatur über Belgiens Neutralisierung.

L'Allemagne et la Belgique pendant et après la guerre de 1870. Brüssel 1870.
— et les Neutres. Brüssel 1870.
Ardouin-Dumazet, La frontière du nord et les défenses Belges de la Meuse. Réponse aux révélations de Mme J. Adam. Lille 1888.

Arendt, Léon, Notre Neutralité. Brüssel 1887.
Appel à l'Europe, réponse aux limites de la France par un Belge. Brüssel 1853.
Bagenault de Puchesse, La neutralité Belge pendant la guerre de 1870—71. Revue d'Histoire Diplomatique 1902.
Baie, Eugène, La Belgique de demain. La question de Luxembourg. Nécessité d'une barrière rhénane. Les Pays-Bas. Paris 1916.
Banning, Emile, L'Allemagne et la Belgique pendant et après la guerre de 1870. Brüssel 1870.
— La Fête du 16 août 1880. (Echo du Parlement, 15. und 16. Aug. 1880.)
— La Belgique et le grand-duché de Luxembourg. (Echo du Parlement, 15. und 19. Dez. 1881.)
— L'entrevue de Léopold II. et de Guillaume III. (Echo du Parlement, 23. Okt. 1883.)
— La Belgique actuelle au point de vue commercial, colonial et militaire. Brüssel 1886.
— Considérations politiques sur la défense de la Meuse, reproduites dans: La Belgique livrée à l'Allemagne, par Foucault de Mondion, 1887.
— La défense de la Belgique au point de vue national et européen. Extrait de la Revue de Belgique. Brüssel 1887.
— La Belgique au point de vue militaire et international. Etudes publiées par Ernest Cossart. Brüssel 1901.
Beer, Poortugael, J. C. C. den, L'Escaut et la neutralité permanente de la Belgique d'après les traités de 1839 et 1907. La Haye 1910.
— Onze Austverdediging. Breda 1875.
— La neutralité sur l'escaut. La Haye 1911.
— Professor de Louters Nationale Plicht en een verbond tusschen Nederland en Belgie: s'Gravenhage 1902.
Belge, Un, Serons-nous envahis? 1909.
Belgien, Rheinland und Adolph Bartels 1846. Potsdam 1846.
Belgique, La, actuelle au point de vue commercial, colonial et militaire. Programme de Politique nationale. Brüssel 1889.
— jugée par l'Angleterre. Extrait de la Quarterly Review. Brüssel & Leipzig 1863.
— doit être agrandie. Huy, H. Philippart, Libraire-Editeur 1882.
— doit armer, conseil patriotique d'un vieux Belge, 12. Juli 1866. Brüssel 1866.
— et l'Europe ou la Frontière du Rhin. Liège 1860.
— et France. Brüssel 1866.
— marche à la ruine. Imprimerie du journal Le Patriote. April 1906.
Beltjens, H., De la neutralité. Discours prononcé à l'audience de rentrée de la Cour d'appel de Liège, le 16 octobre 1871 (Belgique judiciaire 1871).
Berufung Belgiens auf das ruhige und billige Urteil Deutschlands. 2. Aufl. Brüssel 1871.
Bochart, E., La neutralité de la Belgique. Brüssel 1870.

Boduognat, Lettres nerviennes. Première lettre aux Belges à propos des projets d'annexion de la Belgique à la France. Sept. 1875. Antwerpen 1875.
Boniface[1], J., Conflit Franco-Belge. Brüssel 1869.
— De l'Indépendance nationale au point de vue catholique. Lettre A. M. J. Malou. Brüssel 1855.
— La situation Juin 1870. Brüssel 1870.
— à P. J. Proud'hou 2e réponse. Brüssel 1862.
— La Belgique indépendante. Brüssel 1860.
Bosboom, N., & Hoogenboom, W., Beschouwingen over Nederlands gewapende neutraliteit bij een oorlog tuschen anderen mogendheden. s'Gravenhage 1888.
Brabandt, J. van, La neutralité de la Belgique. Discours prononcé à la séance solennelle de rentrée et de la conférence française du Jeune Barreau de Gand, le 24 Novembre 1896. Gent 1897.
Bray, Lt.-Cl. Fd., Des traités assurant notre neutralité et notre indépendance. La Revue Générale, Band 85. Brüssel 1907.
Bremer, R., Patriote avant tout. Brüssel, Gent 1912.
— Ce que le peuple Belge doit savoir. Brüssel, Paris.
Brialmont, A.. Considérations politiques et militaires sur la Belgique. I. II. Brüssel 1851.
Brigode, G., & Ducarne, M., L'Escaut. Le droit international et les traités. Rapport présenté à la section de droit maritime et colonial. März 1911. Brüssel 1911.
— — Des bâtiments militaires belges sur l'Escaut Hollandais. Brüssel 1914.
Broglie, Duc de, Le dernier bienfait de la monarchie. — La neutralité de la Belgique. (Revue des Deux-Mondes, 1. Dez. 1899 — 15. Nov. 1900.)
Cannart d'Hamale, Art. de, Quelques mots sur la question militaire.
Carlier, J., Les idées d'Emile Banning sur la neutralité et la défense du pays. Extrait de la Revue de Belgique. Brüssel, 15. Febr 1901.
Cassiers, J. P., La Belgique, sa politique commerciale, industrielle, agricole, financière et militaire au point de vue de sa neutralité perpétuelle et de son indépendance. Brüssel 1867.
Commission chargée de l'étude des questions relatives à la situation militaire. Procès-Verbaux des Séances. 16. Nov. 1900 — 30. Apr. 1901. Brüssel 1901.
Correspondance de S. M. le Roi des Belges et du gouvernement belgique avec M. le Président de la République française (12—14 octobre 1914). Paris, Nancy 1915.
Coup d'œil sur la situation politique et militaire de la Belgique par rapport à la question d'Orient; par un ancien officier de l'armée des Pays-Bas. 1853.

---

[1] Die hier genannten Broschüren bilden nur einen Teil der zahlreichen Flugschriften desselben Verfassers.

Cressonières, M. J. des, La neutralité de la Belgique et le droit d'alliance. Revue de droit international et de législation comparée. 2. Serie. Band 9 (1907).
Damme, J. van, La Belgique alliée à Bonaparte! Brüssel 1857.
Dax, O., Situation de la Belgique en prévision d'un conflit Franco-Germain. Brüssel 1911.
Dechamps, M. Ad., La convention de Gastein. La France et l'Allemagne. Situation de la Belgique. Brüssel 1865.
— La France et l'Allemagne. Situation de la Belgique. Brüssel 1865.
Defrecheux, Charles, Histoire de la neutralité Liégeoise. Liège 1907.
Déjardin, Ch., Examen du projet de Loi relatif au système défensif d'Anvers. 1905.
Descamps, Ed., Constitution internationale de la Belgique. Bulletin de la classe des lettres et des sciences morales et politiques et de la classe des Beaux-Arts de l'académie royale de Belgique. 1901.
— L'évolution de la neutralité en droit international. Discours prononcé dans la séance publique de la classe des lettres de l'académie royale de Belgique. Brüssel, Mai 1894.
Despagnet, F., La neutralité belge et l'État du Congo, Revue Bleue, Juni 1894.
Dumortier, M. B., Discours sur la défense nationale et le parti conservateur, séance du Février 1868.
Faider, Chr., La neutralité de la Belgique, Revue de droit international et de législation comparée, 1886.
Fallot, L., De la neutralité de la Belgique et de l'armée. Brüssel 1839.
Foucher de Careil, A., Le Luxembourg et la Belgique avec pièces justificatives. Paris 1867.
Fuehr, Alexander, The neutrality of Belgium. A study of the case under its aspects in political history and international law. New York & London 1915.
Garcia de la Vega, D. de, La neutralité et l'organisation militaire de la Belgique. Brüssel 1868.
— M. Frère-Orban et l'incident Franco-Belge. 2e édition. Brüssel, 31. Mai 1869.
— Les grandes unités nationales et les petits états. Brüssel 1870.
— La neutralité de la Belgique et la liberté de la presse. Brüssel 1870.
— Le parti catholique et la question militaire en Belgique. Namur 1871.
— La Belgique et la conférence de St. Pétersbourg. Brüssel 1875.
— La neutralité Belge et le système militaire de la Belgique. Brüssel 1889.
— Une page d'histoire. La neutralité, l'indépendance et le régime militaire Belges. Namur 1892.
Gérard, P. A. F., L'Angleterre et la liberté du continent par G. C. Vreede. Revue trimestrielle. Utrecht 1866.
Goblet d'Alviella, Désarmer ou déchoir. Essai sur les relations internationales. Avec un avant-propos de M. Frédéric Passy. (Ouvrage couronné à Paris par la Société des amis de la Paix.) Brüssel, Paris 1872.

Goubau, J., Des droits et devoirs des Neutres dans leurs rélations commerciales et maritimes pendant la guerre. Antwerpen 1870.

[Grandgagne, Fr. Ch. Jh. — anonym —,] De la Belgique en cas de guerre. Brüssel 1840.

Guillon, A., Etude sur l'offensive brusquée des troupes de couverture allemandes. Paris 1912.

Guyot, R., La dernière négociation de Talleyrand. Revue d'histoire moderne et contemporaine, 1901.

— L'indépendance de la Belgique, Revue d'histoire etc., 1901.

Hane-Steenhuyse, Ch. de, La Belgique et ses relations extérieures Antwerpen 1875.

Heusch, W. de, Pays-Bas et Belgique. Revue de l'armée Belge 1907/8. 32me année. Tome III. S. 95. Liège 1907.

— Les fortifications de Flissingue et la neutralité perpétuelle de la Belgique. Revue de l'armée Belge. 35me année. Tome III. S. 7. Liège 1910.

— L'Escaut, la Hollande et la neutralité Belge. Revue de Belgique. 43me année, 3e série. Brüssel 1911.

— La neutralité de la Belgique et ses conséquences. La Belgique militaire. 42e année. 1912.

Hoenig, F., Die politische und militärische Lage Belgiens und Hollands in Rücksicht auf Frankreich-Deutschland. Berlin 1878.

Hymans, P., Lord Palmerston, la France et la Belgique. Brüssel 1831.

Integer, Belgique et Allemagne. Pensées de l'heure. Brüssel 1913.

Josson, M., Onthullingen over de belgische onwenteling van 1830. Antwerpen 1903.

— Frankrijk de cenwenode Vijnd van Vlandern en Wallonie 1913. Breda 1913.

Lambert, Jérome (Paul Ethier), Pas d'annexion 1860. Brüssel 1860.

Landecies, L'attitude de la Belgique en cas de violation par l'Allemagne de sa neutralité. Questions diplomatiques et coloniales. 16me année. Tome XXXIII. S. 539. Paris 1912.

— La nouvelle loi militaire Belge et ses conséquences en cas de guerre Franco-Allemande. Questions diplomatiques et coloniales. 16. Okt. 1913. 15. Jan. 1914.

Lanet, P. de, La neutralité de la Belgique en 1906. Paris o. J.

Lemiel, La Belgique, la Hollande et le Luxembourg devant la France et l'Allemagne. Etude historique, politique et stratégique. Brüssel 1879.

Lessines, O., La mort du roi et l'annexion à la France. Brüssel 1865.

Mazade, Ch. de, L'Europe et les neutralités. La Belgique et la Suisse. Paris 1893.

Meda, Filippo, La causa del Belgio nel diritto delle genti. Rom 1915.

Messin, Claude, La neutralité de la Belgique. Paris, Limoges 1892.

Mondion, Foucault de, La Belgique livrée à l'Allemagne 1886—1891. Paris 1891.

Nationalité, La, Belge en face du nouveau droit politique. Brüssel 1864.

Navez, L., Pourquoi la Belgique doit être en état de se défendre. Brüssel 1901.
Neutralité, La, Belge et les crises Européennes. Paris 1859.
— et la défense de la Belgique, par X. La Belgique militaire 1906 N, 1820, 19 août.
Ni Allemande, ni Française, ni Suisse: Belge uniquement Belge! Organisation militaire. Brüssel 1889.
An Object Lesson in German Plans. The Fortnightly Review. 1910.
Où nous en sommes? Brüssel 1870.
Piccioni, Camille, Essai sur la neutralité perpétuelle. Paris 1902.
Pierre-Napoléon Bonaparte, Hypothèse d'une Campagne outre-rhin. Etude militaire. Analyse des plus récents débuts sur l'organisation militaire. Brüssel 1870.
Plamont, Jean de, Un nouveau danger pour la neutralité Belge. Questions diplomatiques et coloniales, Bd. 20. 1905.
Poirier, J., La Belgique devant une guerre Franco-Allemande. Paris 1913.
Procès-Verbaux des séances de la commission instituée par arrêté royal du 19 décembre 1866 pour examiner si l'organisation actuelle de l'armée répond aux nécessités de la défense nationale. Brüssel 1867.
— des séances de la commission instituée par arrêté royal du 18 avril 1871, pour étudier les questions relatives à l'organisation de l'armée, Bd. 1 u. Bd. 2. Brüssel 1873.
Réflexion sur le système de défense adopté en Belgique. Brüssel 1866.
Réflexions, Quelques r. politiques au sujet de la réorganisation de l'armée, par un ancien membre du congrès national de 1830. Brüssel 1867.
Réponse d'un Belge aux limites de la France. Brüssel 1853.
— à l'article du journal de l'armée sur la brochure Resterons-nous Belges? Antwerpen 1872.
Resterons-nous Belges? Antwerpen 1872.
Reuter, Emile, Les Ardennes Belges au point de vue militaire et agricole. Projet de création d'établissements civils et militaires dans le Luxembourg et richesse minérale de cette contrée. Brüssel 1874.
Ridder, A. de, Les origines de la neutralité belge. Revue générale, 1903, S. 162.
Rosmans, F., Le péril national et le danger international. 1905.
Royer, Emile, La part de responsabilité de la Belgique dans la crise internationale. La Belgique artistique et littéraire, Bd. 3, 1913.
Scherpenseel-Heusch, L'avenir de la Belgique. Brüssel 1871.
Scherpenseel, J., La Vérité sur la situation militaire des Pays-Bas, de la Belgique et de la Hollande. La future guerre Franco-Allemande dans nos plaines. Première partie de l'ouvrage. La défense des plaines au moyen de Flottes Terrestres. Utrecht, Van Boekhoven 1879.
Smissen, van der, Organisation des forces nationales. Armée et garde civique. Brüssel 1879.

Smissen, van der, Les forces nationales. Brüssel 1880.
Spirit, The new spirit in Belgium. The fortnightly Review 1912.
Strength, The armed of Belgium. Compiled in the Intelligence branch of the Quatermaster-General's department War Office. London 1882.
Studens, Marius, L'avenir de l'Europe et les destinées de la Belgique. Brüssel 1883.
Taymans, André, Un incident diplomatique à propos des fortifications de Diest. Revue générale 1910, S. 460.
Thiriaux et Bertrand, Les dangers de la situation militaire. La déclaration du Général Hellebaut. Bulletin de la Ligue de défense nationale. Februar 1909.
Thonissen, J., La neutralité belge dans le système européen, Patria belgica, Bd. II.
Tournay-Detillieux, M. J., Notes sur notre neutralité et sur les obligations contractées par la Belgique envers les puissances étrangères. Brüssel 1901.
Trumper, Considérations politiques et financières sur les forteresses de la Belgique. 2e éd. Brüssel 1851.
Vandevelde, L., Considérations sur les écrits qui ont paru ... la défense de la Belgique. Brüssel 1850.
Verhaegen, A., Neutralité Belge et défense nationale. Revue sociale catholique, 5me année, S. 143. Löwen & Brüssel 1901.
Vreede, G. G., L'Angleterre et la liberté du continent. Utrecht 1866.
Wah, Lord, La correspondence militaire du Maréchal Moltke et la neutralité de la Belgique. Revue de l'armée Belge, 24me année. Tome III. Nov.-Déc. 1899. S. 71.
— La neutralité de la Belgique et la commission militaire mixte de 1901. Revue de l'armée Belge, 25me année. Tome VI. 1901. S. 73.
— Pays-Bas et Belgique. Revue de l'armée belge, 23me année. Tome I. S. 95.
Weiss, Siegfried, La guerre de 1870 et la neutralité de la Belgique etc. Brüssel 1871.
Weyer, S. van de, Histoire des relations extérieures de la Belgique depuis 1830. Patria belgica.
Woeste, La neutralité Belge. La Belgique et la France. Brüssel 1891.

IV. Militaristische und antimilitaristische Literatur in und über Belgien.

Abeele, van den, L'Armée Belge. Son rôle dans l'avenir. Brüssel 1874.
Adtz, Lieutenant-Colonel, Les forces militaires de la Belgique. Brüssel 1887.
Allard, Alphonse, Désarmement 1899. Paris.
Antimilitarisme, (Commandant B ....) Causes et dangers d'après les Discours de M. le Général Brialmont. Paris o. J.
Anvers et M. Brialmont. Réflexions à propos de la brochure intitulée: la guerre du Schleswig, envisagée au point de vue belge par le major Brialmont. Brüssel 1865.

Anvers et le système belge de la Nation armée. 1904.
Appel à l'Europe. Réponse aux limites de la France par un Belge. Brüssel 1853.
Ardouin-Dumazet, La frontière du nord et les défenses Belges de la Meuse. Réponse aux révélations de Mme J. Adam. Lille 1888.
L'Armée de demain. Brüssel 1893.
Belgique de la, Etat neutre et indépendant, de son armée et des moyens de défense, par N. D. Q. Brüssel 1858.
Bernaert, Major, Etre ou n'être pas. Armée, Indépendance, Nationalité. Brüssel 1872.
Bernaert, F., Des institutions militaires de la Belgique et du service personnel et obligatoire dédié à la Belgique Militaire, notice relative aux écoles, camps, établissements techniques et des subsistances leurs commandants successifs de 1830 à 1889. Brüssel 1889.
Bertrand, Alban, Le Pacifisme. Brüssel 1912.
Bever, Colonel van, Quelques considérations sur le rôle des forteresses dans la défense de la Belgique. Antwerpen 1903.
Bienfaits de la paix et horreurs de la guerre[1]. Brüssel 1912.
Bosboom, N., & Hoogenboom, W., Beschouwingen over Nederlands gewapende neutraliteit bij een oorlog tuschen anderen mogendheden. s'Gravenhage 1888.
Bosmans, J., L'Armée pour la Belgique. Namur (ohne Jahr, aber nach 1872).
Boucher, A., La Belgique à jamais indépendante. Etude stratégique. Paris & Nancy 1913.
Brabandt, J. van, La neutralité de la Belgique. Discours prononcé à la séance solennelle de rentrée et de la conférence française du Jeune Barreau de Gand, le 24 Novembre 1896. Gent 1897.
Bralion, E., Examen du rôle des forteresses de la Belgique dans les principaux cas de guerre avec réfutation du système défensif de M. Vandevelde, et quelques considérations sur la force de l'armée. Liège 1851.
Brialmont, Considérations sur la réorganisation de l'armée. Brüssel 1866.
— La défense des côtes et les têtes de pont permanentes. Brüssel 1896.
— Les fortifications sur la Meuse. (Extrait de la Belgique militaire.) Brüssel 1887.
— (anonym), Faut-il fortifier Bruxelles? Réfutation de quelques idées sur la défense des états par un officier du génie. Brüssel 1850.
— Les Fortifications de la Meuse. Réponse à la question de camps retranchée de la Meuse par le colonel retraité Crousse. Brüssel 1887.
— (anonym), Réponse au pamphlet Anvers et M. Brialmont. Brüssel 1865.

---

[1] In demselben Sinn ist 1912 und 1913 eine große Zahl von ähnlichen Flugschriften, gedruckt in der Imprimerie industrielle et financière, 4 Rue de Brialmont, Brüssel, erschienen, deren Verfasser (meistens anonym) der Major A. van Jansen ist.

Brialmont (anonym), Situation politique et militaire des petits états et particulièrement de la Belgique. Brüssel, ohne Jahr. aber 1874.
— Considérations politiques et militaires sur la Belgique I, II. Brüssel 1851.
— Études sur l'organisation des armées et particulièrement de l'armée Belge. Brüssel 1867.
— (anonym), La guerre du Schleswig. Envisagée au point de vue Belge. Anvers et la nouvelle artillerie, par un officier d'état-Major. Brüssel 1864.
— Le péril national. Brüssel 1898.
— (anonym), Réflexions d'un soldat sur les dangers qui menacent la Belgique. Réponse à M. Dechamps, Ministre d'Etat et ancien Ministre des Affaires étrangères; suivie de quelques considérations sur le système de défense de l'Italie. 2e édition. Brüssel 1865.
— Situation militaire de la Belgique en 1894. Discours prononcés par le Général Brialmont à la Chambre des Représentants. Avec notes et additions. Brüssel 1894.
— Utilité de la Citadelle du Nord. Brüssel 1868.
— Solution de la question militaire en Belgique. Brüssel 1901.
Britte, T., Le camp d'Elsenborn. Ohne Jahr, aber nach 1896.
Cambrelin, A. L., Essai sur la défense de la Belgique par l'organisation défensive de la ligne stratégique Sambre-Meuse. 2e édition. Gent & Paris 1884.
Cambrelin, M. A., La nation en armes, service général. Mélanges des choses du Passé. Brüssel 1892.
Cernon, Des besoins réels de l'armée. Extrait de la Revue générale. Brüssel 1898.
Chazal, Considérations générales sur les fortifications de la Meuse. Le rôle de l'armée belge en 1870 et le système défensif d'Anvers. Brüssel 1901.
Chome, Léon, La conférence de la Haye. Désarmer, c'est déchoir. Brüssel 1899.
Darlon, Les Allemands en Belgique. Liège inviolée. Récit de guerre. Imp. La Meuse 1911.
Défense, Pour la, de la Belgique. Editions du Soir. Brüssel 1911.
— De la, nationale et du danger de conserver des officiers étrangers dans l'armée Belge. Brüssel 1853.!
— La nationale, par la liberté individuelle (Volontariat). Brüssel 1890.
Dejardin. Ch., Etude sur la situation géographique, politique et militaire de la Belgique. Brüssel 1878.
— Examen du projet de loi relatif au système défensif d'Anvers et à l'extension de ses installations maritimes. Brüssel 1905.
Demasy, La véritable armée nationale. Brüssel 1886.
[**Devaux** — anonym —] Quelques réflexions politiques au sujet de la réorganisation de l'armée par un ancien membre du congrès national de 1830. Brüssel 1867.

Eenens, A. M., Système raisonné de guerre défensive proposé pour la Belgique. Brüssel 1852.
Etude, résumée sur la réorganisation de l'armée et de la garde civique 1897.
Etudes sur le rôle des places fortes dans la défense des Etats. Réponse à M. A. G. Extrait de la revue de l'armée belge.
Fortifications, Les, sur la Meuse. La Belgique militaire et M. le Lieutenant Brialmont. (Extrait du Journal de Liège.) Liège 1887.
Frère-Orban, M., Affaires militaires. Discours dans la séance du 14 Février. Brüssel 1882.
— Discussion du projet de loi sur l'organisation militaire. Discours prononcé par M. Frère-Orban, Ministre des Finances. Séance du 13 Février 1868. Brüssel 1868.
Garcia de la Vega, D. de, La neutralité et l'organisation militaire de la Belgique. Brüssel 1868.
Gausen, van, Entretien sur la question de la défense nationale. Brüssel 1912.
[Grandgagne, Fr. Ch. Jh. — anonym —| De la Belgique en cas de guerre. Brüssel 1840.
Hecke, A. Th. van, Une grave question concernant l'organisation définitive de l'armée et la sécurité de la Belgique. Brüssel 1845.
Heeresverfassung und Maas-Befestigungen in Belgien. Berlin 1887.
Heusch, W. de, La défense de la Belgique et les troupes territoriales. La Belgique militaire. 42me année. Supplément du 11 février 1912.
Heuvel, J. van de, De la violation de la neutralité Belge. Paris 1914.
Hoyois, J., Lendemain de Victoire.
L'Humanité Nouvelle, Enquête sur la guerre et le Militarisme. 3e année. Mai 1899.
Huybrecht, P. A., Considérations sur le système de défense et sur l'organisation de l'armée en Belgique. Brüssel 1851.
Kerkhove, van den, Les soldats Belges de l'étranger et la neutralité Belge. Pétition à la Chambre des Représentants. Brüssel 1865.
Knudsen, Paul, Une armée territoriale en Belgique. Conférence donnée le 13 février 1914 à la fédération des sociétés exmilitaires de l'agglomération bruxelloise. Brüssel 1914.
Landrecies, L'attitude de la Belgique en cas de violation par l'Allemagne de sa neutralité. Questions diplomatiques et coloniales. 16me année. Tome XXXIII. S. 539. Paris 1912.
Legaigneur, F., Essai sur le système défensif de la Belgique. Recrutement, Organisation et Armement de ses Troupes. Brüssel 1895.
M., La situation militaire de la Belgique dans le cas d'une guerre Franco-Allemande, Brüssel & Paris 1887.
Maitrot, Les débuts probables de la prochaine guerre Franco-Allemande. Extrait du Correspondant. 25. Febr. 1872.

Maitrot, L'offensive allemande par la Belgique. Correspondant, Bd. 244, S. 833. Paris 1911.
— L'armée Belge, ce qu'elle est — ce qu'elle devrait être. Extrait du Correspondant. 10. Jan. 1912.
— Un dernier mot sur l'offensive Allemande par la Belgique. Correspondant S. 861. 10. Sept. 1913.
— Nos frontières de l'Est et du Nord. Le service de deux ans et sa répercussion sur leur défense. Nouvelle édition revue, mise à jour et augmentée. Avec une préface du général Kessler. Paris & Nancy 1913.
Marchi, Gabriel, L'invasion allemande par la Belgique. Ajaccio 1889.
Maréchal, En Garde! Organisation de la défense nationale. Brüssel 1889.
Messin, Claude, La neutralité de la Belgique. Paris & Limoges 1892.
Millard, Etudes sur le rôle des places fortes dans la défense des états. Liège 1897.
Nélusey, J., La réorganisation militaire de la Belgique. Extrait de la Revue des questions scientifiques. Janvier et avril 1913. Brüssel 1913.
Neutralité, La, de la Belgique. Belge à Ostende (13 octobre 1914). Correspondance de S. M. le Roi des Belges et du Gouvernement Belge avec M. le Président de la République française (12—14 octobre 1914). Paris & Nancy 1915.
L'Organisation, de, de l'armée, sous le rapport de la nationalité et de l'indépendance de la Belgique; de la neutralité armée et de la défense du pays. Mons 1851.
Péria, Lieutenant, La Belgique militaire, l'armée et la défense du territoire. Paris o. J.
Perte, La, des états et les camps retranchés. Réplique à M. le capit. Belge Millard par A. G. Paris 1897.
Procès-Verbaux des séances de la commission instituée par arrêté royal du 19 décembre 1866 pour examiner si l'organisation actuelle de l'armée répond aux nécessités de la défense nationale. Brüssel 1867.
— des séances de la commission instituée par arrêté royal du 18 avril 1871, pour étudier les questions relatives à l'organisation de l'armée. Bd. 1. Brüssel 1873 und Bd. 2 1873.
Projet d'agrandissement général d'Anvers. Lettre de Mme Kelles et Comp. Suivie d'un mémoire justificatif etc. Brüssel 1855.
Question militaire en Belgique. Réponse à M. l'avocat Woeste, par un officier général. O. J. (aber 1872).
— La, militaire en Belgique. Extrait de l'office de publicité des 12, 19, 26 Décembre 1886, des 2, 9, 26 Janvier et des 6 et 13 Février 1887. Brüssel 1887.
Réorganisation militaire. De la création d'une réserve nationale. Brüssel & Paris 1868.
— de l'armée. Le projet de la commission mixte et le projet du Général Guillaume, présenté par le gouvernement, par un officier en retraite. Brüssel 1867.

Réorganisation du système militaire de la Belgique par un officier supérieur. Brüssel 1866.

Réponse d'un officier supérieur d'infanterie à la brochure intitulée: Réorganisation de l'armée, par un officier en retraite 1868. Brüssel 1868.

Sacher, Lieutenant-Colonel pensionné, Examen critique de la brochure de M. le Général Smissen sur l'organisation des forces nationales suivi de considérations politiques et militaires sur notre neutralité et notre état militaire. Arlon 1879.

Smissen, van der, Organisation des forces nationales. Armée et garde civique. Brüssel 1879.

— Les forces nationales. Brüssel 1880.

Symptomes mauvais. La Belgique militaire. 20. Dez. 1874.

Tackels, C. J., Questions militaires Brüssel 1886.

Vandevelde, M. L., De la défense de la Belgique ou du nombre et de l'emplacement de ses places fortes. Brüssel 1849.

Velde, van de, Défense des états à polygone concentré. Brüssel.

— Examen de notre état militaire. Brüssel 1864.

Vérité, La, sur la situation militaire de la Belgique. Lettre adressée à la Chambre des Représentants par le brosseur de général N.... Brüssel 1890.

— sur la situation militaire de la Belgique en 1871. Brüssel 1871.

Wah, Lord, La neutralité de la Belgique et la commission militaire mixte de 1901. Revue de l'armée Belge. 25me année. Tome VI. Liège 1901. S. 73.

— La correspondence militaire du Maréchal Moltke et la neutralité de la Belgique. Revue de l'armée Belge. 24me année. Tome III. Nov.-Déc. 1899. S. 71. 1899.

— Pays-Bas et Belgique. Revue de l'armée Belge. 32me année. Tome I. S. 95.

Weimerskirch, Théodore, A mon pays, Idées patriotiques et militaires à propos de la réorganisation de l'armée Belge. Antwerpen 1866.

— Etude de la défense nationale au point de vue politique, philosophique et militaire dédiée à la patrie et à l'année. Brüssel 1890.

Welck, Frh. von, Belgiens Schuld. Jahrbuch für die Deutsche Armee und Marine 1915. Teil II. S. 209—223, 289—296.

Woeste, Ch., La Question militaire en Belgique. Liège 1872.

Printed by Libri Plureos GmbH
in Hamburg, Germany